Akira Ikegami, How To See the World

池上彰の世界の見方

朝鮮半島

日本はどう付き合うべきか

小学館

朝鮮民主主義人民共和国（北朝鮮）
Democratic People's Republic of Korea

大韓民国（韓国）
Republic of Korea

基礎データ

北朝鮮	**面積**	約12万平方キロメートル（朝鮮半島全体の55%、日本の約3分の1）
	人口	約2515万人（2015年、国連経済社会局人口部）
	首都	平壌
	政体	社会主義人民共和制
韓国	**面積**	約10万平方キロメートル（朝鮮半島全体の45%、日本の約4分の1）
	人口	約5127万人（2016年、韓国統計庁）
	首都	ソウル
	政体	民主共和制

出典：外務省ホームページなど

はじめに

２０１８年2月に韓国で行われた平昌《ピョンチャン》冬季オリンピックでは、女子アイスホッケーで韓国と北朝鮮の合同チームが結成され、北朝鮮から女性たちばかりの応援団がやってきました。通称「美女軍団」です。

私は観客席で応援の様子を見ましたが、リーダーの指示に従って一糸乱れぬ応援を繰り広げる姿は、実に異様でした。試合の合間にトイレに行くときも10人単位で行動し、必ず監視員が付き添いました。亡命でもされたら大変ですからね。

監視付きの応援団。北朝鮮がどんな国か、如実に示す光景でした。

開会式で南北の選手は統一選手団として入場行進しました。掲げた旗は韓国の国旗でも北朝鮮の国旗でもなく「統一旗」でした。白い旗に水色の朝鮮半島の図柄がプリントされたものです。ここに軍事境界線は描かれていません。「朝鮮半島はひとつ」なのです。

美女軍団の応援の掛け声も「私たちはひとつ」というものでした。

この旗には韓国が自国領だと主張している「独島《トクト》」も描かれていません。「独島」は日本の竹島《たけしま》。両国の間で係争地となっているので、ＩＯＣ（国際オリンピック委員会）は「独島」を描き込まないように求めていました。オリンピックに政治的主張を持ち込んではいけないからです。

　ところが、観客席にいた「美女軍団」が振っていた統一旗には「独島」が描かれていました。ＫＯＣ（韓国オリンピック委員会）は、観客にまで強制することはできないという立場だったからです。

　統一旗とはいえ、「統一」されていなかったのです。北朝鮮は、「独島」を描き込むことで韓国の主張を支持し、日本を共通の「敵」とすることで、「私たちはひとつ」と呼びかけていることがわかります。

　女子アイスホッケーの試合中、美女軍団は、試合の経過に関係なく朝鮮民謡などを歌って応援を続けました。この様子を見ていた私の横にいた韓国の女性は、次のように話していました。

「この様子を見ると、北朝鮮の人たちは異様だなあ、私たちとは違うなあ、と思うのですが、彼女たちが歌う朝鮮民謡は、私たちを懐かしい気持ちにさせます。やっぱり私たちは同じ民族なんだなあと思うのです」

そう、韓国と北朝鮮のふたつの国に分かれていても、もともとは同じ民族です。この本の題名を「韓国・北朝鮮」とはしないで「朝鮮半島」にしたのも、それが理由です。

１９４５年8月、日本が戦争に負けたことで、朝鮮半島の人たちは独立国家を結成するチャンスを得たはずだったのですが、実際はソ連（ソビエト社会主義共和国連邦）とアメリカという当時の二大大国の思惑によって分断されてしまいました。

その後、ふたつの国は、まったく別々のコースを進みますが、北朝鮮が独裁国家となるのと時を同じくして、韓国も独裁国家になっていきます。敵同士の国家は次第に相手に似てくる、という言葉があります。北朝鮮と韓国は、まさにそのような構図になったのです。

ふたつの国が決定的に対立することになったのは、１９５０年の朝鮮戦争（韓国側から言わせれば韓国戦争）でした。軍事力で朝鮮半島の統一を成し遂げたいという金日成《キムイルソン》の野心によって、多数の人命が失われました。多くの家族も南北に引き裂かれ、バラバラになってしまいました。その傷は、今も両国の国民の心に残っています。

戦争の傷跡は、人々の心の中だけではありません。朝鮮半島を南北に分断する軍事境界線が、戦争は終わっていないことを示しています。

軍事境界線から南北2キロずつは非武装地帯となり、兵器を持ち込むことは禁じられています。人が立ち入ることもないため、野鳥など野生動物が多数生息しています。実に皮肉なことです。

平昌冬季オリンピックをきっかけにして北朝鮮は韓国やアメリカに首脳会談を持ちかけるなど新しい動きも見せています。こうした動きを見て、韓国と北朝鮮との関係に興味・関心を抱いた人も多いことと思います。この本が、その関心に応えられることを期待しています。

「池上彰の世界の見方」というシリーズは、各地の学校の生徒さんへの授業と質疑応答によってつくられています。今回は、東京都立西高校のみなさんに協力をいただきました。

隣国との歴史に無関心ではいられないと考える生徒さんたちの質問には鋭いものがあり、授業の内容を充実させることができました。感謝しています。

2018年3月

ジャーナリスト　池上　彰

目次

池上彰の世界の見方　朝鮮半島

日本はどう付き合うべきか

第1章
「分断の歴史」から見る朝鮮半島

日本が朝鮮半島を支配していた

日本の隣にある朝鮮半島。そこには韓国（大韓民国）と北朝鮮（朝鮮民主主義人民共和国）というふたつの国があります。

日本が朝鮮半島を統治していた、という歴史は勉強したよね。私はこれまで何度も韓国に行っていますが、韓国に行くと「日帝三十六年」という言葉をよく聞くんです。日本の帝国主義によって支配された36年の恨み、を意味します。でも、日本人はこの言葉を知らない。日本人は意外に韓国のことを知らないのではないでしょうか。

一方で、北朝鮮に関しては、金正恩《キムジョンウン》の独裁ぶりやミサイルの脅威から、「怖い国」「変な国」ですませているように思うのです。しかし、それではだめなのです。いったいなぜそんなことが起きているのか、歴史的に見ていくことが大事です。

では、最初にみなさんが朝鮮半島についてどんなイメージを持っているのか、聞いてみたいと思います。はい、どうぞ。

――日本から近い。

――日本と昔から関わりが深い。白村江《はくそんこう》の戦い（はくすきのえ）とか、秀吉の朝鮮出兵とか。

――僕は朝鮮戦争のにおいがすごくします。それで国がふたつに分かれたので。

なるほど。ほかには?

――感情表現が激しい気がします。

たとえばどういうこと?

――セウォル号が沈没した時に、その遺族の方の泣き方が日本と全然違っていて、表現の仕方がすごく激しいな、と思いました。

わかります、びっくりするよね。1983年に大韓航空機がソ連によって撃墜された時、私もソウルに取材に行ったのですが、自分の家族が乗っていた飛行機が撃ち落とされたとわかった途端、ものすごい勢いで嘆いて、そのまま失神しちゃう人もいました。目の前で見て、仰天した記憶があります。

――南北で結構格差が激しい。

民主主義の韓国は高度経済成長を遂げて、日本と肩を並べたけれど、北朝鮮はいまだに食糧難というニュースが聞かれますよね。

――大統領の任期の終わりが近づくと、反日感情をあおるようになる……。

そうだね。韓国はそういうことが多いよね。さぁ、みなさんの両国に対する印象がだいたいわかりました。

韓国は、一時の韓流ブームで日本との関係がよくなったかなと思っていたら、いわゆる慰安婦問題が再燃して、反日感情が強くなっています。なぜ、韓国と日本は仲よくできないのでしょう。

一方の北朝鮮は、核開発やミサイルの発射実験など、主にアメリカに対する挑発行為を続けてきました。アジアの小さな国が、世界最大の軍事力を誇るアメリカに対して、なぜそんな行動に出るのか？

現在の朝鮮半島を知るためには、戦後の両国の歴史を知っておくことが必要です。

17世紀半ばから、朝鮮は中国の清《シン》に服属していました。しかし１８９５（明治28）年、日清戦争で清が日本に敗れたことで独立を確定し、１８９７（明治30）年に大韓帝国と改称します。

１９１０（明治43）年に日本による韓国併合が行われました。朝鮮半島を日本の植民地にしたのですね。その後、１９４５（昭和20）年に日本が第二次世界大戦で敗戦するまでの間、朝鮮半島は日本によって支配されていました。

韓国の「日帝三十六年」という言葉には、日本の帝国主義によって統治され、支配された36年間の恨みを忘れるなという、根深い思いがあるのです。

——１９１０年から45年だと、35年間ではないのですか？

1910年を1年めと数えれば、36年になるでしょう。

ロシアの南下政策が日本を朝鮮半島に進出させた

そもそも、日本はなぜ朝鮮半島へ進出したのでしょう？　明治維新以降、欧米の列強によって植民地支配されないようにしたい、独立を保ちたい、というのが日本の置かれた立場でした。当時は、とりわけロシアに対する恐怖心が強かったのです。

ロシアを警戒していたのは、何も日本だけではありません。たとえば、トルコ。地図を見るとわかるのですが、黒海を挟んだ北側はロシアです。オスマン帝国時代から敵対していたロシアに恐怖心を持っていました。

トルコは親日の国ですが、この国が、なぜ親日なのかというと、日露戦争でロシアを打ち破ってくれた国だからという思いがあるのです。

日本海軍がロシアの艦隊を撃破した日本海海戦。指揮をとっていたのは、東郷《とうごう》平《へい》八郎《はちろう》です。トルコでは、東郷平八郎の名前は非常に有名になりました。我が子に「トーゴー」と名付ける人もいました。

Qなぜ、ロシアに対して恐怖心を持つ国があるのでしょう?

——不凍港を求めて南下する。支配しようと攻めてきます。

そうですね。ロシアは、伝統的に南進政策です。とにかく南に勢力を拡張したいという思いがある。その理由は、学校に行かないほう(不登校)じゃなくて、凍らないほうの不凍港(笑)。

ロシアの周りの海は、冬になるとすべて凍りついてしまいます。すると、港から船を出せなくなる。なんとか冬でも凍らない港を手に入れたい。これがロシアの渇望なのです。

たとえばシリア内戦で、なぜロシアが独裁者のアサド政権を支援しているのか。東西冷戦が終わったあと、中東のほとんどの国がアメリカ寄りになった中、シリアはロシアと友好関係を保っていたということもありますが、シリアの地中海に面したタルトゥース港にロシアの海軍基地があることもひとつの理由です。それほど、ロシアにとって不凍港は重要なものなのです。

では、日本の場合はどうか。ロシアから東アジアにかけての地図を見ると、大陸から日本列島に向けて朝鮮半島が突き出してきているように見えませんか。見えないかな(笑)。当時の日本には、そう考える人もいた。ロシアがどんどん南に攻めてきて、朝鮮半島を支配してしまったらどうなるか。次は、日本が攻められるのではないかという恐怖心を持った人たちがいたんですね。

そこでロシアが攻め込んでくる前に、朝鮮半島を抑えようと日本が進出した。それが日清戦争（１８９４年７月～95年３月）の遠因であり、日露戦争（１９０４年２月～05年９月）の直接的な原因だったのです。

とにかく日本の安全を確保するために朝鮮半島を支配し、さらにロシアとの国境に満州《まんしゅう》国という日本の傀儡《かいらい》政権をつくっていく。それが明治以降の大日本帝国の膨張政策でした。

ここで世界地図を逆さまにして見てみましょう（地図①）。中国や朝鮮半島から

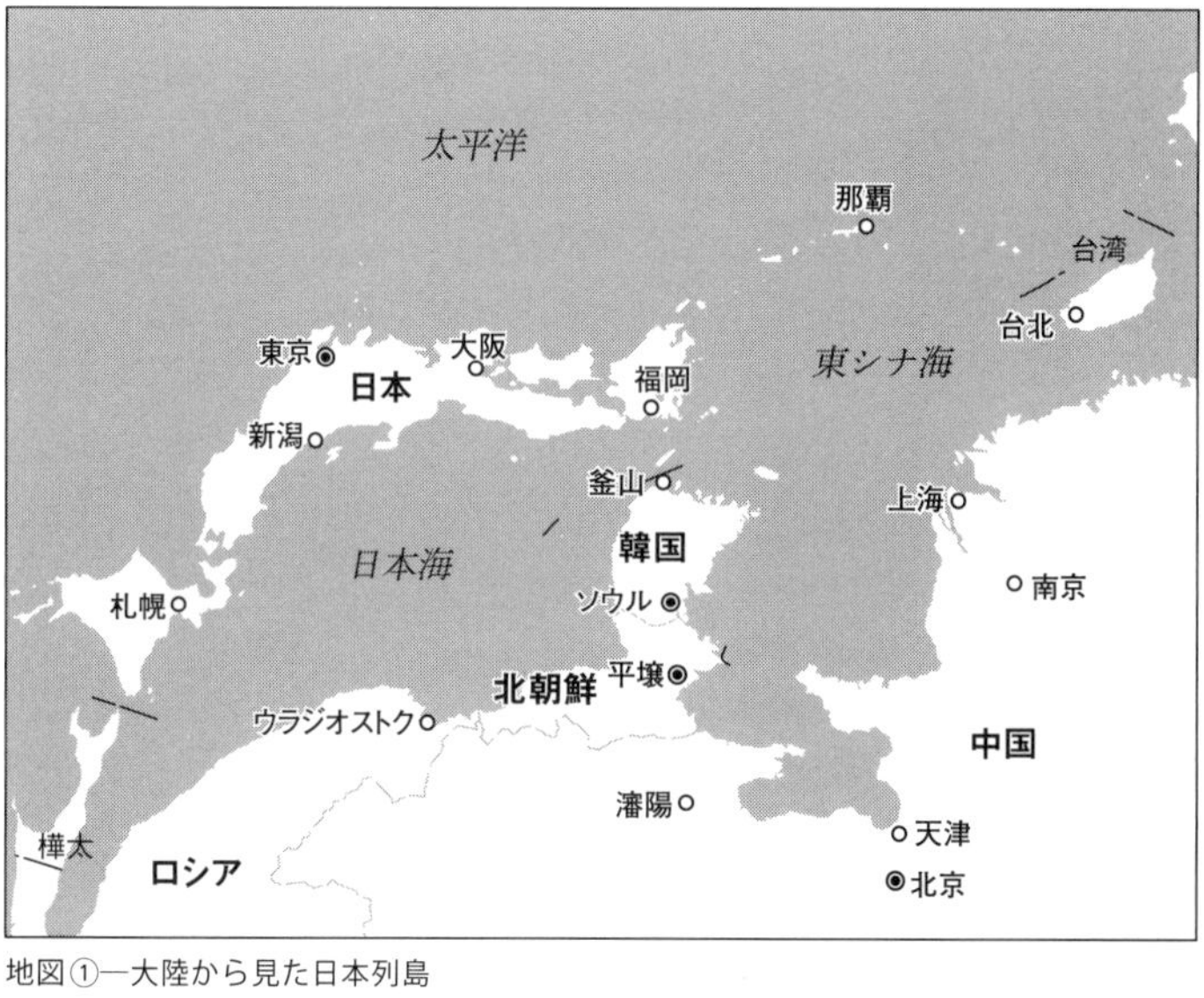

地図①—大陸から見た日本列島

太平洋に出ていこうとすると、日本列島が邪魔しているようにも見えるでしょう。日本にいると、そんなことはまったく考えつかないのですが、中国や朝鮮半島の人々から見ると、むしろ、日本列島は邪魔だなという思いがあるというわけです。

1910年に日本は韓国併合、つまり朝鮮半島の植民地支配を始めます。この時に締結したのが「大韓帝国皇帝は、大韓帝国のすべての統治権を完全かつ永久に日本国皇帝、つまり天皇に譲与する」という「韓国併合条約」です。

日本からすれば、ちゃんと条約を結んでいる。大韓帝国は日本に併合されますと認めたじゃないかという思いがある。一方、大韓帝国側からすれば、朝鮮半島に日本軍が進出してきて、一切拒否できないような状態のもとで条約を結ばされた。朝鮮半島は無理やり日本の植民地にされてしまったんだという思いがある。

このあたりから始まった、日本と朝鮮半島との認識の違いが、現在までもずっと続いているのです。

日本の敗戦によって、朝鮮半島は分断された

朝鮮半島は、なぜ北と南に分断されたのか。その経緯を見ていくことにしましょう。太

平洋戦争も終わりに近づいた、1945年8月9日、ソ連軍が旧満州や千島列島、南樺太《からふと》（サハリン）に攻め込んできました。

旧満州には、満州国という、実態は日本の傀儡国家で、国際的には認められていない国がありました。そこには日本軍が駐留していて、大勢の日本人が暮らしていました。

樺太《からふと》の南半分は、日露戦争に勝利して獲得した日本の領土です。さらに千島列島まで、日本領になっていました（地図②）。そこに突然ソ連軍が攻め込んできました。日本とソ連は1941年に日ソ中立条約を結び、お互いに相手を攻撃しないという約束をしていました。ところが、

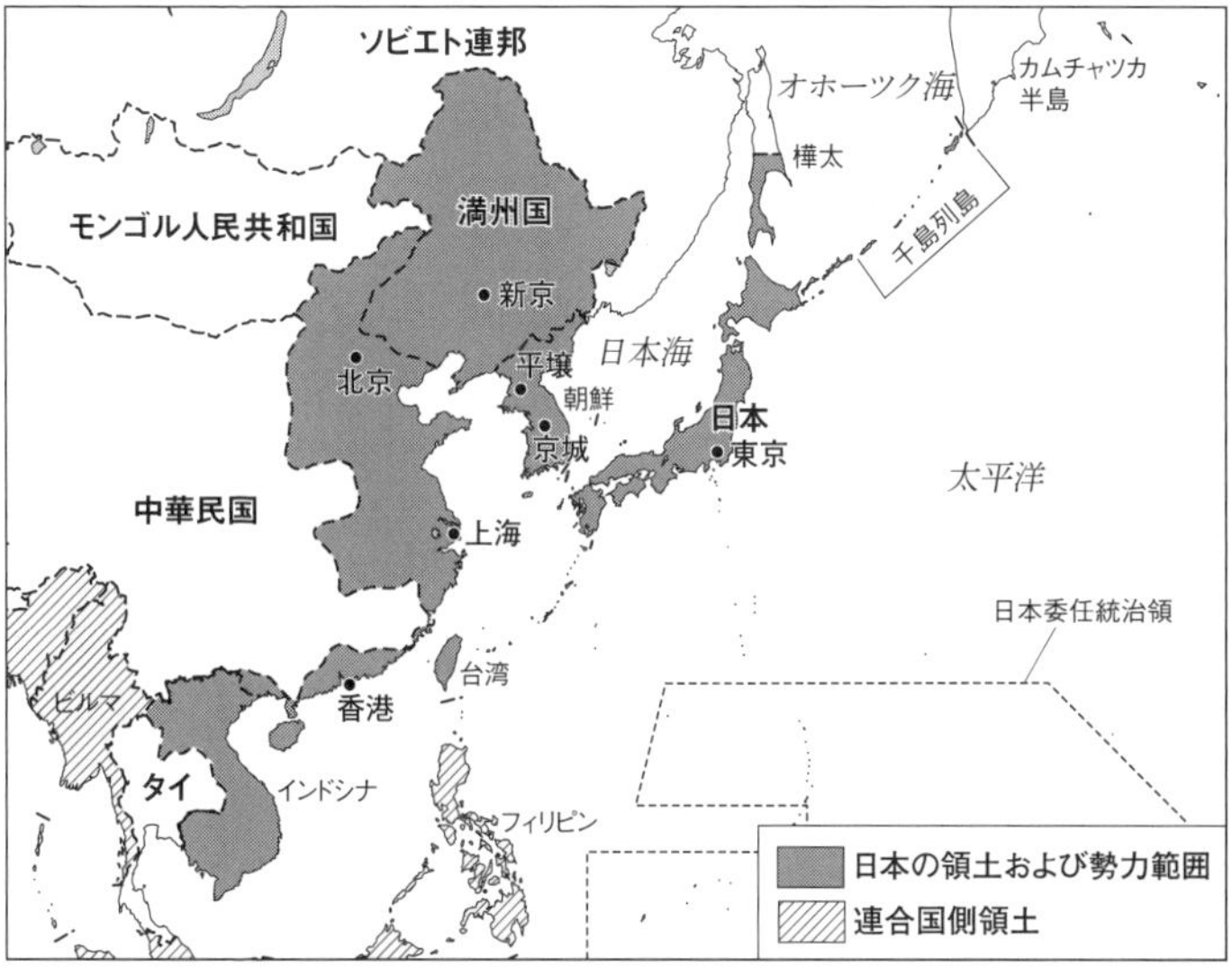

地図②—太平洋戦争開戦直前の日本の領土および勢力範囲

ソ連は条約を破って一挙に攻め込んできたのです。

8月15日、日本は降伏。日本の朝鮮総督府も降伏し、朝鮮半島から退却します。ソ連は朝鮮半島を支配しようと、さらに南下してきます。

これに対して、危機感を持ったのがアメリカです。第二次世界大戦では、アメリカとソ連は連合国として同盟関係にありました。

米ソ一緒になって、ドイツやイタリア、日本と戦っていましたが、ドイツが全面降伏すると、それまでドイツが占領していた東ヨーロッパの国々をソ連軍が占領していったのです。

第二次世界大戦後の戦後秩序を築く中で、ソ連は自国の勢力拡大を狙っているのではないか。東ヨーロッパと同じように、朝鮮半島もソ連によって占領されてしまうかもしれない。そう危機感を抱いたアメリカはソ連に対して、朝鮮半島を南北で分割占領しようじゃないかと呼びかけたのです。

実は、ソ連は日本も分割占領しようという計画を立てていました。連合軍が日本を占領する時に、北海道の北半分はソ連に占領させてほしいとアメリカに申し入れました。アメリカはそれを拒否します。

この時、もしアメリカがイエスと答えていたら、北海道の北半分に「日本民主主義人民共和国」という国ができていたかもしれません。アメリカが拒否したおかげで、日本は分割されずにすんだのです。

一方で、朝鮮半島は、北側をソ連、南側をアメリカが占領して、分割されます。朝鮮半島を植民地として支配していた敗戦国の日本は分割されず、支配されていた側が分割されてしまったのです。ものすごい歴史の皮肉ですよね。

ドイツが東西に分割占領されたのは、そもそもドイツが戦争を仕掛けたことが第二次世界大戦勃発の原因となったわけですから、言ってみれば自業自得。周りの国は同情しなかったし、ドイツはドイツで、自分たちが戦争をしちゃったからしょうがない、という思いを持っていました。

ところが、朝鮮半島では日本に統治されていたために分割されてしまう、という悲劇が起こったのです。

Q 南北朝鮮は、どこで分割されたか知っていますか。

——**北緯38度線です。**

そのとおりです。アメリカが、どこで分割しようかと検討を始めたところ、そこに壁掛け式の小さな地図があったんですね。それを見ていたら、朝鮮半島を南北同じぐらいの面積で分割するように北緯38度線が走っている。ここで分割しようと、アメリカがソ連に提案します。かくして、北緯38度線で、朝鮮半島は南北に分割されることになりました。

１９４５年10月24日に、戦後の国際平和と安全の維持を目的として国際連合が誕生します。国連としては、とりあえずアメリカとソ連によって分割占領するけれど、将来的には朝鮮半島の人たちが自由な選挙をして、自分たちの代表を選び、独立したひとつの国ができるようにしようと考えていました。

ソ連の思惑とアメリカの誤算

ところが、ソ連にはトラウマがありました。それはなんでしょう。

第二次世界大戦中、ソ連はナチス・ドイツの侵略を受けます。ソ連の公式発表では２６００万人を超える犠牲者が出ました。第二次世界大戦で最も犠牲者が多かったのはソ連なんです。

ドイツの侵略によって２６００万人以上の犠牲者が出た。それが歴史的なトラウマになって、ソ連は国境を接する向こう側に自分の言うことを聞く国がないと、安心できなくなったのです。そこで、ポーランド、ハンガリー、チェコスロバキア（当時）など東ヨーロッパの国々を占領し、自分の言うことを聞く国にしていきました。

同じように、国境を接する朝鮮半島の北部にもソ連の言うことを聞く国をつくろうと考えます。ソ連は、国連が考えていた朝鮮半島全体での自由な選挙を拒否します。自由な選挙なんてしたら、ソ連の言いなりになる国はつくれませんからね。

国連としては、将来的には南北統一した朝鮮にしたい。でも、ソ連は反対している。まず、できるところから始めようと、アメリカが占領した北緯38度線の南部だけで自由な選挙を始めます。こうして北緯38度線の南に大韓民国ができ、北側にはこれに対抗する朝鮮民主主義人民共和国がつくられて、南北分断の歴史が始まります。

実は日本が戦争で負けた直後に、朝鮮半島の人たちの中では、自分たちの国をつくろうという動きがありました。

日本が降伏した翌月の9月6日、「朝鮮人民共和国」の設立を宣言します。ところが、アメリカ軍はこれを国家として認めません。朝鮮人民共和国という名前に、共産主義のにおいを感じたというのです。いわゆる東西冷戦がこの頃から始まっていたのでした。

アメリカにしてみれば、朝鮮半島に朝鮮人民共和国なんていう、共産主義のにおいがプンプンとする国をつくらせるわけにはいかない。もし、ソ連の味方になったら大変です。

朝鮮人民共和国を建国したいと言った人たちの中には、共産主義の国をつくりたいという人たちもいました。しかし多くの人は、日本の支配を逃れて、朝鮮人による朝鮮人のための国家をつくりたい、と思っていました。

先ほど、ソ連は国境を接する国を自分の言いなりになる国にしたいと言いましたが、それはアメリカも同じです。朝鮮半島に、アメリカにとって都合のいい国をつくりたいと考えます。

ところがアメリカの朝鮮半島支配には、ひとつの誤算がありました。

１９４１年の12月に日本が真珠湾攻撃を行い、太平洋戦争が始まります。アメリカはこの戦争は、いずれアメリカが勝つだろうと想定していました。日本を占領する時に備えて、日本語ができる日本語要員をはじめ日本の専門家をおよそ２０００人も養成したのです。日本文化がよくわかっている人によって日本を統治しようと考えていたのです。

たとえば、文化人類学者のルース・ベネディクトという人がいます。日本にはどんな文化があるのか、ベネディクトが研究した成果が『菊と刀』という本です。みなさんも名前は聞いたことがあるでしょう。

太平洋戦争は１９４１年から45年にわたって約４年間続きました。アメリカには日本を研究する時間が十分あったのです。裏を返せば、アメリカには対日本戦において、それほど余裕があったということです。

朝鮮半島はどうだったでしょう？　南北分割によって、アメリカは急遽《きゅうきょ》、朝鮮半島の南側を統治することになりました。朝鮮半島を研究したり、専門家を育成したりする時間はまったくありません。これがアメリカにとっての誤算でした。

では、どうしたか？　日本には、日本の専門家が２０００人いました。その人たちを急遽、朝鮮半島の南部に送り込んだのです。

日本も朝鮮も同じだろうと考えたのかどうかはわかりませんが、とにかく朝鮮半島に向かったのは日本の専門家たちです。朝鮮の文化や朝鮮の人たちの考え方を理解している人はほとんどいませんでした。いわば素人が朝鮮半島の南部を統治することになったのです。

朝鮮半島の南部では、アメリカの指導のもと大韓民国ができ、北部にはソ連の影響下にある朝鮮民主主義人民共和国がつくられました。

日本による占領時代から逃れ、ようやく独立できると思った矢先に、朝鮮半島はアメリカとソ連によってふたつの国に分断されてしまったのです。

北朝鮮軍の奇襲で朝鮮戦争が始まった

韓国のある歴史学者は、「我が国は棚から牡丹餅《ぼたもち》のようにしてできた」と表現しています。

語弊《ごへい》のある言い方ですが、独立戦争によって自らの力で勝ち取った国の人々は、当然のことながら自国に対し誇りを持っています。

ところが、北朝鮮と韓国は、日本が戦争に負けたので国ができたという思いがどこかにあるのです。これでは、プライドが保てない。そこで、両国とも日本を打ち破って我々が国をつくったんだという「建国神話」が必要になるんですね。

特に北朝鮮の建国の父といわれている金日成《キムイルソン》。実は北朝鮮は彼の力でつくられたわけではないのです。北朝鮮の建国神話については次の章で詳しく取り上げますので、ここでは簡単に説明します。

日本による統治時代、金日成はソ連に逃げ込んでいて、ソ連軍の大尉になっていました。ソ連にしてみれば、自分たちの言いなりになる都合のいい人間です。

そこでソ連は金日成を北朝鮮のトップに据えます。ということは、金日成は自分の力で北朝鮮のトップになったわけではないんですね。

金日成は当然コンプレックスを感じたはずです。そのコンプレックスを打破するためにはどうしたらいいのか。自分の力で朝鮮半島を統一すれば、俺の力でこの国をつくったんだと胸を張って言えます。そこで軍事力をもって朝鮮半島を統一すべく行動を起こします。

1950年6月25日、北緯38度線の国境で、北朝鮮軍が韓国に対する奇襲攻撃を開始しました。これが朝鮮戦争の始まりです。

この時の北朝鮮側の言い分はこうでした。韓国軍がたびたび北緯38度線を越えて、我が国を攻撃している。我々の忍耐も限界である。韓国軍を懲罰《ちょうばつ》するために、我が軍は北緯38度線を越えた。そういう詭弁《きべん》を使いました。

つまり、韓国が先に手を出したから、我々は自分の国を守るために、反撃に出たのだと、嘘の発表をしたのです。

日本ではこの嘘の宣伝を信じて、韓国が先に手を出したんだ、北朝鮮はそれに対して防衛のために反撃したにすぎないんだ、と思った人たちが大勢いました。

しかし、実際には北朝鮮が綿密な準備をしたうえで、北緯38度線を越え、韓国に攻め込んだということが、戦後かなり年月が経ってから明らかになります。

どうしてそれがわかったのか。それはソ連が崩壊したからなんですね。ソ連は、朝鮮戦争の時に、北朝鮮に対していろんな支援をしていたのです。それを一切秘密にしていたのですが、1991年12月26日にソ連が崩壊。ロシアの時代になると、当時のいろんな情報が公開されたのです。

北緯38度線を越えて、北朝鮮の大軍が韓国に攻め込んできます。韓国はすでに国として独立していたので、アメリカ軍の戦闘部隊は引き揚げていました。軍事顧問団という、韓国軍を育成し指導する部隊だけが残っていました。

アメリカ軍は、韓国軍のためにいろんな武器を与えていました。ところが、その中に戦車は一台もなかったのです。

戦車は、ヨーロッパのような大平原で戦闘に使うものであるというのがアメリカ軍の考え方でした。朝鮮半島のように、山の多い地域では戦車は役に立たない。そう考えて一切戦車を配備しなかったのです。

一方、ソ連は戦車250輛《りょう》を北朝鮮に与えていました。北朝鮮はその戦車を先頭に、北緯38度線から一挙に韓国側に攻め込んできます。

戦車がまず先頭を行き、北朝鮮軍の兵士たちがその戦車の陰に隠れるかたちで侵攻してきました。韓国軍はいきなり戦車と対峙《たいじ》します。

韓国軍が装備していた普通の銃では、戦車にはとても立ち向かうことなんかできない。不意を突かれた韓国軍は、総崩れになりました。

北朝鮮の奇襲攻撃に対して、韓国がまったく予期していなかったことがわかるエピソードがあります。1950年6月25日は、日曜日でした。前日の土曜日には、アメリカ軍の軍事顧問団のいる将校クラブに、韓国軍の将校たちが呼ばれて、懇親会が開かれていました。韓国軍の将校たちは、酒を飲んで、ぐでんぐでんに酔っぱらいました。

翌朝、北朝鮮軍が攻めてきたという一報が入ってきます。緊急事態です。しかし韓国軍の将校たちは前日の深酒がたたり二日酔い。頭が痛くて、しばらくの間、使いものにならなかったといわれています。

しかも週末の土、日です。前線の北緯38度線を警備する一部の兵士を残して、多くの韓国軍の兵士は家に帰っていました。

わずかな兵士では、北朝鮮の大軍に対抗することなどできません。あっという間に北朝鮮軍は、韓国の首都であるソウルまで攻め込んできました。

漢江《ハンガン》の悲劇が起こった

その時ソウルで、ある悲劇が起こりました。ソウルの中心には、漢江という川が流れています。漢江を境に、ソウルは南側と北側に分断されているのですね。

北側から北朝鮮軍が攻めてきます。韓国軍は漢江にかかっている橋を渡って南側に退却しました。しかし、このままだと北朝鮮軍の戦車も漢江の橋を渡って南側にやってくる。

なんとかこれを阻止したいと考えた韓国軍は、漢江の橋に爆薬を仕掛けて爆破しました。

ところが、大混乱の中で慌てていたので、漢江の北側にいた大勢のソウル市民が家財道具を運びながら橋を渡っている最中に爆破してしまったのです。

　ソウル市民に多くの犠牲者が出ました。韓国はこの事件を教訓として、現在は漢江にかかる橋には、あらかじめ爆薬が仕掛けられるようにしています。もし北朝鮮軍が攻めて来たら、漢江の橋を爆破して、北朝鮮軍の戦車が南側まで来られないような準備ができているのですね。

　さらには、ソウルから北緯38度線の軍事境界線に向かって進むと、あちこちにトンネルがあります。普通、トンネルは山を通過するためにくり抜いてつくられます。ところが、山のない場所に人工的なコンクリートのトンネルがある。

Q なんのためのトンネルでしょう？

―北朝鮮の攻撃を防ぐ盾にするため……。


　惜しいですね。実は、北から北朝鮮軍の戦車が攻めてきたら、破壊して道路を封鎖するためのトンネルなのです。

　また、ソウルの東側には、２０１８年2月に開催された平昌《ピョンチャン》オリンピックのスケート会場となった江陵《カンヌン》があります。江陵の少し北側に行くと、田んぼの間に延びる道の両側にコンクリートの塀がある。これもいざという時には塀を倒して、道路を封鎖するためのものです。

ソウルの北側を走る高速道路を見ると、日本の高速道路とは明らかに違うことに気がつきます。日本の高速道路には、上り線と下り線の間に中央分離帯があるでしょう。ところがソウル近郊の高速道路には中央分離帯がない。危険ですよね。なぜ、そんな高速道路をつくっているのでしょう?

この高速道路は、いざという時に緊急用の滑走路として使用されるのです。

もし北朝鮮が攻撃してきたら、真っ先に空軍基地が狙われます。戦闘機や爆撃機が飛び立ったあと、基地の滑走路が破壊されてしまったら、着陸する場所がなくなります。

戦闘機や爆撃機が着陸できるように、高速道路が滑走路に早変わりできるようになっているのです。南北に分断され、朝鮮戦争が起こった結果、韓国では北朝鮮の脅威に対抗するためさまざまな対策が取られているのです。

国連軍という名のアメリカ軍が登場した

朝鮮戦争が始まり、ソウルはあっという間に北朝鮮軍によって占領されてしまいます。その後も韓国軍は総崩れになるんですね。一時は、朝鮮半島南部の釜山《プサン》周辺にかろうじて韓国軍と韓国の政府が残るだけで、ほとんど北朝鮮によって占領されてしまいます。

釜山も陥落寸前。このままでは、朝鮮半島は北朝鮮によって軍事的に統一されてしまいます。韓国軍の幹部や政治家たちは、もし釜山が奪われたら、とりあえずすぐ近くにある日本の対馬《つしま》に逃げて亡命政権をつくることまで検討していました。

ここでアメリカが登場します。国連安全保障理事会は北朝鮮に対し、敵対行為の即時中止と軍の撤退を要求するアメリカの決議案を採択。韓国への国連軍の派遣が決まります。

ここで、あれっと思う人もいるかもしれません。

国連軍の派遣を決めるのは安全保障理事会です。国連安全保障理事会の常任理事国は、アメリカ、イギリス、フランス、中華民国（現在は中華人民共和国）、ソ連（現在はロシア）の5か国です。

通常ならアメリカの提案に対し、ソ連が拒否権を行使するはずです。ところがこの時、ソ連は国連安全保障理事会を欠席していたのです。

当時、国連の常任理事国だった中華民国は中国共産党軍との内戦に敗れ、台湾に逃れていました。大陸には中国共産党による中華人民共和国が成立していました。

しかし、常任理事国の議席は台湾に逃れた中華民国が持ったままです。ソ連は、これはおかしい、中華人民共和国こそが中国を代表すべきだと主張。抗議のために安全保障理事会をボイコットしていたのです。

ソ連不在の中で、国連の安全保障理事会として、北朝鮮の侵略行為に抗議し、国連軍で韓国を守ることが決まりました。

実はこの時、アメリカをはじめイギリス、カナダ、フィリピン、タイ、トルコ、南アフリカなど16の国が国連軍の名のもとに軍隊を派遣しました。中でも、圧倒的に多くの兵士を送り込んだのがアメリカでした。建前としては国連軍ですが、実際にはアメリカ軍です。国連軍の名のもとアメリカ軍が朝鮮戦争に介入したのです。

当時、朝鮮半島の隣国、日本を統治していたのはGHQ総司令官マッカーサー元帥でした。マッカーサーに対し、朝鮮戦争でも指揮をとるように命令が下ります。

マッカーサーは司令官として、どんな作戦を考えたのか。

北朝鮮はすでに、北緯38度線をはるかに越えて攻め込み、釜山を包囲しています。北朝鮮からの武器や食料の補給ルートは、すっかり延びきっているわけですね。マッカーサーは、この補給ルートを分断すればいいと考えました。

ソウルの西側にある海沿いの街、仁川《インチョン》に目をつけます。現在、仁川国際空港があるあたりですね。マッカーサーは、仁川から上陸作戦を敢行します。

その結果、釜山を包囲している北朝鮮の補給ルートを断ちきり、釜山に残っている韓国軍と仁川から上陸したアメリカ軍で挟み撃ちにして、北朝鮮軍に壊滅的な打撃を与えます。アメリカ軍は勢いに乗じて北上し、ソウルを奪還します。歴史に「もしも」はありませんが、この時にアメリカが北緯38度線まで北朝鮮軍を追い返したところで終わりにしておけば、歴史は変わっていたかもしれません。

アメリカは、北緯38度線を越えて、さらに北に攻めのぼります。一気に北朝鮮を壊滅させようと考えたのです。そして、平壌《ピョンヤン》を占領。さらにその北へと攻め込んでいったのです。アメリカ軍は北朝鮮と中国の国境沿いまで、北朝鮮軍を追いつめていきました。この段階で、北朝鮮は滅亡寸前でした。

人民義勇軍という名の中国軍も登場した

この状況を見かねたのが中国です。国境の向こう側をアメリカ軍が駐留する韓国に統一されることは、中国にとっても悪夢です。中国としては、韓国との間には北朝鮮という緩《かん》衝《しょう》地帯をつくっておきたい。こうして、中国軍が朝鮮戦争に介入します。

ただし、中国の正規軍である人民解放軍が参戦すると、アメリカ軍との正規軍同士の戦い、つまり国と国との戦争になります。そんなことになると、第三次世界大戦が起こりかねません。

そこで中国は、「人民義勇軍」という名のもとに兵を送り込みます。義勇軍、つまりボランティアです。北朝鮮の友人たちがアメリカ軍によってひどい目にあっている。友人として、これを放っておくわけにはいかない。友人を助けましょうと、ボランティアの軍隊が北朝鮮の支援に駆けつけたというのが、中国の筋書きです。

でも、これはまったくのフィクションです。ボランティアの軍隊なんてありえません。実際には中国の正規軍です。しかし、アメリカとの対決を避けたいので、あくまで義勇軍という名目で朝鮮戦争に介入したのです。

人民義勇軍という名の中国の大軍が攻めてきました。アメリカ軍と韓国軍にとっては、目の前に突然予期せぬ正体不明の敵が現れたのです。総崩れになって、南側まで押し戻され、また北朝鮮軍にソウルを占領されてしまうという状態になりました。

このあとまたアメリカ軍と韓国軍が態勢を立て直して、再びソウルを取り戻すのですが、戦況は北緯38度線を挟んで一進一退を繰り返し、膠着《こうちゃく》状態になりました。

1951年6月に国連代表から休戦会談が提案されますが、互いに交渉のテーブルにはつきません。このまま両国ともに被害が拡大していきます。

1953年7月27日に、ようやく休戦協定が結ばれます。南北を分断する248キロメートルの軍事境界線が引かれ、その南北2キロメートルずつを非武装地帯とすることなどが決められました（地図③）。

Qここで質問です。現在の南北朝鮮の境界線は、どこでしょう？

——北緯38度線ではないのですか？

今でも、よく南北朝鮮の境界線は、北緯38度線だといいます。しかし、それは正確ではないんですね。

最初は、確かに北緯38度線で南北に分かれ、北朝鮮と韓国というふたつの国ができました。ところが、朝鮮戦争が勃発します。3年間に及ぶ激しい戦いの結果、休戦協定が結ばれます。ここで決められたのが、軍事境界線です（地図④）。

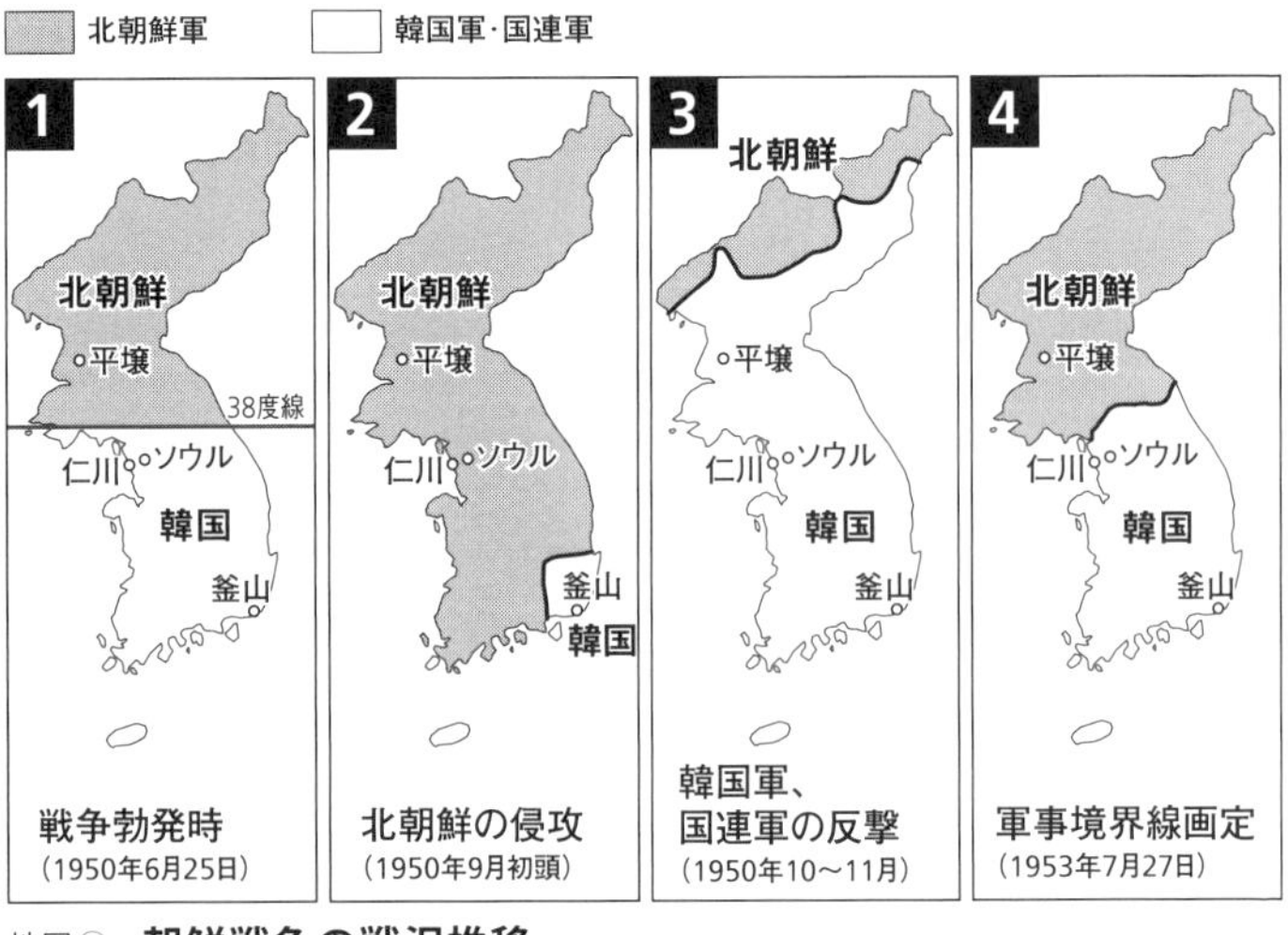

地図③—**朝鮮戦争の戦況推移**

地図④—**南北を分ける北緯38度線と軍事境界線**

休戦会談が行われた板門店《パンムンジョム》（写真①）は、この軍事境界線上にあり、現在は北朝鮮と国連軍が共同管理しています。南北を分けているのはこの軍事境界線なんですね。

――軍事境界線は、国境じゃないんですか？

いい質問ですね。朝鮮戦争は終わったわけではないのです。休戦協定を結んでいる状態が今に至るまでずっと続いているのですね。だから両国の間に、正式な国境は定められていないのです。

将来的に、北朝鮮と韓国が互いに相手を国家として認め平和条約を結んだ時、朝鮮戦争は終結し、そこで国境が確定するのです。

実は、日本とロシアの関係も同じ状態です。第二次世界大戦後、日本とロシアは国交を回復していますから、戦争をしているわけでは

写真①―軍事境界線上にある板門店（韓国側から撮影）｜写真提供：時事通信社

ありません。しかし、いまだに平和条約を結んでいないのです。

その原因となっているのが、北方領土問題です。北方領土が返還されるまでは、平和条約は結べないというのが日本の立場です。現在、日本とロシアの間でも正式な国境は確定していません。

朝鮮戦争では、多数の犠牲者が出ました。あまりに被害者が多すぎて正確な数字は出ていませんが、死者は最低でも３００万人。場合によっては５００万人ともいわれています。

さらに家族が北と南にばらばらになってしまう、いわゆる離散家族が１０００万人に及んでいます。これだけの悲劇が起きてしまったのが朝鮮戦争ということです。

――北と南に引き離された離散家族の人たちは、会うことができるんですか。

現在は開催していませんが、過去には何回か、離散家族の引き合わせを行いました。韓国の歴代大統領の中には、北朝鮮との対決姿勢を露《あら》わにする大統領もいれば、北朝鮮との関係を改善したいと考える大統領もいます。

関係改善派の大統領の時には、北朝鮮に支援をするのと引き換えに離散家族が会う機会が設けられました。でも、離散家族みんなが会えるわけではないのです。そのまま韓国に逃げたりしないような家族、北朝鮮の悪口を言わないような家族を選びます。

離散家族が面会した時の写真を見て驚きました。韓国にいる親と北朝鮮にいる子どもが並んで写っています。写真だけで見ると、北朝鮮の子どものほうが年老いて見えるのです。子どものほうが顔はしわだらけで、髪の毛は真っ白でした。

北朝鮮では過酷な環境で生活していることがうかがえました。

――金日成のコンプレックスが、こんな悲惨な戦争を招いたのだとしたら許せません。

平和な現在から見れば、そういう感情が湧いてくるのも仕方がないよね。でも戦争には、さまざまな複合的な原因があります。金日成のコンプレックスは、大きな原因でしたが、それだけで朝鮮戦争が3年間も続いたわけではありません。

中国では、国民党軍と共産党軍が戦った国共内戦の結果、共産党が勝って、国民党を台湾に追い落とします。軍事力によって中国大陸を統一することができたのです。

北朝鮮の金日成も、中国共産党軍のように軍事力で朝鮮半島を統一しようという野心を持っていました。自分の力で統一して初めて、自分が指導者として名実ともに認められるという意識を持っていたのです。

金日成は朝鮮戦争を始めようとした時に、中国とソ連に許可を求めます。その時、中国の毛沢東《もうたくとう》もソ連のスターリンもいったんは反対しました。しかし金日成がどうしても戦争をしたいというので、仕方なく了承します。

当時の中国共産党の軍隊である人民解放軍の中に、朝鮮人部隊がありました。

中国と北朝鮮の国境沿いの中国側にも、朝鮮民族が住んでいました。彼らは、中国人民解放軍の中でも勇猛なことで知られていました。国民党軍と共産党軍が戦った国共内戦においても、激しく戦い功績を上げた歴戦の勇士たちです。中国は、この部隊を北朝鮮にプレゼントしました。

ソ連は大量の戦車を渡し、さらにジェット戦闘機も投入します。ジェット戦闘機は、太平洋戦争末期に開発されていたのですが、初めて実戦に投入されたのは、朝鮮戦争でした。ところが、北朝鮮軍の兵士には、ジェット戦闘機の操縦はできません。そのためソ連軍のパイロットが北朝鮮軍の軍服を着て、北朝鮮のマークがついた戦闘機に乗り、アメリカ軍と戦っていた、そういう事実がのちに明らかになりました。中国もソ連も北朝鮮を支援していたのです。

朝鮮戦争によって、日本に自衛隊ができた

そして、この朝鮮戦争は日本にも大きな影響を与えました。そのひとつが、警察予備隊です。日本は太平洋戦争に負けて、アメリカを中心としたGHQによって占領されます。GHQは、日本が二度と戦争をしないようにと、日本軍を解体します。日本に軍隊がな

くなったかわりに、アメリカ軍7万5000人が日本の治安維持に当たっていました。

ところが、朝鮮戦争が始まります。アメリカ本土から軍隊を送っていたのでは、間に合わない。急遽、日本にいるアメリカ軍7万5000人を朝鮮半島に送り込みました。

日本にアメリカ軍がいなくなった。この隙《すき》を突いてソ連軍が攻めてきたらどうしよう。アメリカはこの状態に対し、非常な危機感を持ったのです。

当時、日本の国内では、社会主義運動や労働組合運動が盛んになっていました。アメリカ軍がいなくなったら、その隙を突いてそういう勢力が革命を起こすかもしれない。革命を起こさないようにするためには、それを弾圧するためのある程度の軍事力を持った組織が必要だと考えたのです。

ですが、日本は憲法第九条で戦争を放棄しています。軍隊を持つことは憲法に違反します。アメリカは、それなら警察を助けるための予備の組織として、警察予備隊をつくればいいと言いました。

警察があるのに、なぜ警察予備隊をつくらなければならないのかと、日本は戸惑います。アメリカは、こういう部隊編成にし、これだけの武器を渡しますと言ってくる。日本側はその内容に驚きます。これは警察ではない、軍隊ではないかと。

憲法で軍隊を持たない日本に、アメリカはなんとか軍隊を持たせたい。しかし軍隊と呼ぶと憲法に違反するので、警察と呼びたい（笑）。こうして、警察予備隊がつくられたのです。

指導教官になったアメリカ軍兵士たちには、次のような通達が出ます。日本は軍隊を持ってはいけないということになっているから、日本の兵隊たちを兵隊と呼んではいけない。警察官と呼びなさい。戦車は軍隊が持つものだから、戦車と呼んではいけない。特別な車、特車《とくしゃ》と呼びなさい。こういうフィクションがまかりとおったのですね。

警察予備隊はやがて保安隊になり、自衛隊となりました。朝鮮戦争がきっかけとなって、日本に自衛隊ができたのです。

そしてもうひとつ、朝鮮戦争は日本に大きな影響を与えました。第二次世界大戦に負けて、焼け野原になり、日本経済はボロボロでした。そこに、隣の朝鮮半島で戦争が起きたのです。兵士たちの軍服や食料など、ありとあらゆるものが大量に必要になります。朝鮮半島全体が戦場になっているので、韓国でつくることはできません。アメリカから運ぶには遠すぎます。そこで日本につくらせようということになりました。日本経済は一気に息を吹き返します。「朝鮮特需」といわれています。ここから、１９６０年代、70年代の高度経済成長へとつながっていったのです。

隣国で悲惨な戦争が始まったことによって、日本に自衛隊が生まれることになり、その傍らで日本経済が大きく成長することになったのです。

朝鮮半島は日本が統治していたことによって、国家が分断され戦争が起こった。なのに、負けたはずの日本は自分たちの戦争を踏み台にして、どんどん豊かになっていく。

朝鮮半島の人々の感情を想像すると、日本に対して悔しいとか許せないとかいった気持ちを持つのも、少しは理解できるのではないでしょうか。


――日本人も太平洋戦争の敗戦でひどい目にあっています。戦争に対する嫌悪の感情もあったと思います。当時の日本人は朝鮮戦争で、戦争を肯定するような支援をすることに対して罪悪感はなかったのでしょうか。


確かに隣国の戦争による特需で、日本が儲かるというのは心情的には複雑だったと思います。日本は戦争を放棄しているでしょう。だから、日本人がつくるものは直接戦争に関わる武器や弾薬ではなく、アメリカ軍や韓国軍の兵士たちの身の回りのものでした。

ですから、当時の日本人に、直接戦争に協力しているという意識がどこまであったのか……。

私は朝鮮戦争が始まった１９５０年の生まれです。朝鮮戦争の記憶はありません。だから当時の人たちが実際にどんな気持ちを持っていたのか、肌感覚ではわかりません。ただ、隣国の悲劇によって、自分たちがどんどん豊かになっていく。戸惑いや申し訳ないという感情を持っていた人も少なからずいたと思います。

しかしそれ以上に、戦後の日本は貧しかった。餓死したり、餓死寸前だったりする人たちがたくさんいました。そんな時、急に経済が成長し始めたのです。生きるのに必死だった日本の人たちにとって、「これで、やっと息がつける」というのが本当のところではなかったかと思います。

韓国が朝鮮半島統一を急がない理由

――離散家族も元に戻りたいと思うんです。戦争による征服ではなく、再び南北朝鮮が仲よくひとつになることはできないのですか？

それはわかりません。私がみなさんと同じ高校生の頃は、東西冷戦時代でした。世界は、アメリカとソ連という超大国によって分断されていました。のちに、まさかソ連が崩壊（1991年12月）するなんて、夢にも思っていなかった。

また、ベルリンの壁によって東ドイツの中にあるベルリンがさらに東西に分断されていたでしょう。東西冷戦の象徴でもあったベルリンの壁が、自分が生きている間に崩壊するなんて、想像すらできなかった。

1989年11月9日、ベルリンの壁の上に大勢の人たちがのぼって壁を壊している映像を目にした時、本当にこんなことが起こるんだと、感激で涙が出てきました。歴史は、どこでどう変わるかわからない。そう実感したのです。

朝鮮半島の南北分断も、簡単には終わらないと思いますが、ドイツのようにある日突然ひとつの国になることはありえるかもしれない。歴史において、「絶対あり得ない」ということは、あり得ないんですね。

ただし、今すぐに朝鮮半島が統一されるのは、かなり難しいと思います。韓国の中にも、同じ民族なんだから早く統一したいという思いを持っている人たちは大勢います。

ところが1990年10月3日に、東西ドイツが統一されます。その後の様子を見て、韓国の中で南北統一への機運が急速にしぼんでしまいました。なぜでしょう。

当時の西ドイツは資本主義国、先進国の中でも経済力がトップレベルでした。一方、東ドイツも、当時の社会主義国の中でトップレベルの経済力を持っていました。

資本主義のトップレベルの国と社会主義のトップレベルの国が一緒になった瞬間、何が起こったのか。統一ドイツの経済は大混乱します。西ドイツに比べて東ドイツの経済力があまりにも低すぎたのです。その結果、統一ドイツは「ヨーロッパのお荷物」「ヨーロッパの病人」と称されるほどでした。

これを見て、韓国では統一の機運が急激にしぼみます。韓国は西ドイツほど強い経済力を持っていませんし、北朝鮮は社会主義国の中で最も貧しい国です。もし韓国が、世界最貧国の北朝鮮を抱え込んだら、どうなるか。想像しただけで、怖くなるでしょう。

今すぐに統一したら、韓国が沈没してしまう。だから、北朝鮮が完全に崩壊しないような状態を保つための人道的な支援を行いながら、将来的に北朝鮮が民主化されて、緩やかな連合体、もしくは連邦組織によって統一ができるといいな、と長い目で見ている。それが現在の韓国の状況です。

――地図を見ると、ソウルは軍事境界線にすごく近い場所にある気がします。首都を敵の近くに置くのは危険だと思います。

そのとおりなんです。だから、北朝鮮は事あるごとに「我々が攻撃すると、ソウルは火の海になる」と脅します。たとえば、今どこかの国が「日本列島を焦土と化す」と言うとびっくりするでしょう。でも、北朝鮮が何度も同じことを言うものだから、韓国の人たちはかなり不感症になっているんですね。

いつ北朝鮮の攻撃を受けるかもしれないということで、一時ソウルは、漢江の北側と南側では土地の値段が全然違っていました。漢江の橋が爆破されたら、北側は孤立してしまう。南側に比べ、地価が安かったのです。

ところが、北とも仲よくしようという政策をとった盧武鉉《ノムヒョン》政権の時代には、朝鮮半島に平和が訪れるかもしれないという空気が醸成されました。そして漢江の北側にもマンションが次々に建設されます。南北の地価がほとんど変わらない状態になりました。

漢江の北側に高層マンションをつくっても大丈夫なのか、と思うでしょう。政府の高官が、北朝鮮からロケット弾やミサイルが飛んできても、高層ビルが盾になってくれる。南側は無事だからいいじゃないか、そんな発言をして物議をかもしたこともありました。

今では、そういう危機意識も相当薄れてきて、北朝鮮からの攻撃はないだろうと考える人たちが多くなっているという現実があります。

実は、アメリカ軍の最大の基地はソウルの北側に置かれました。北朝鮮はソウルに届くロケット弾をたくさん配備します。なぜアメリカ軍は、危険な北側に、基地を置いていたのでしょう?

朝鮮戦争では、アメリカ軍の多くの若者が命を落としました。その後、休戦状態になると、アメリカ国内で厭戦《えんせん》ムードが高まります。

どうしてアメリカの若者が、はるか遠い朝鮮半島で命を落とさなければならないんだ。朝鮮半島のことなど放っておけばいい。

朝鮮戦争反対の声が高まってきたことに対して、アメリカ軍の幹部も危機感を持ちはじめました。ソウルの北側にアメリカ軍基地を置いておけば、北朝鮮が攻撃した時に真っ先に犠牲者が出るのはアメリカ軍です。アメリカ軍の兵士が犠牲になれば、北朝鮮は許せないというアメリカの世論が沸騰します。北朝鮮をやっつけろという声が高まり、アメリカは朝鮮戦争に自動的にまた介入することができる。

これをトリガー理論といいます。銃の引き金ですね。アメリカ軍が真っ先に犠牲になることが、戦争のトリガーになるというわけです。

逆に北朝鮮側から見ると、もし韓国を攻撃すると、即座にアメリカ軍が反撃してくる。軍事境界線近くのソウルの北側にアメリカ軍を置くことが抑止力になって、北朝鮮軍も攻められない。アメリカはそういう戦略をとっていたのです。

ところがブッシュ政権時代、パパ・ブッシュじゃなくて息子のジョージ・W・ブッシュの時に、アメリカは国際的にいろんな戦略を変更します。

北側に基地があると、もし先制攻撃をしてもすぐに反撃を受けて、アメリカ軍基地に大きな被害が出る。基地はソウルの南側に移転すべきだ、ということで、現在アメリカ軍の基地はロケット弾の標的にならないように、ソウルの南側に移転しました。

アメリカは、いつでも北朝鮮を先制攻撃できる。北朝鮮からアメリカ軍基地まで届くロケット弾はごくわずかになるから、アメリカ軍はあまり被害のことを恐れずに北朝鮮を攻撃できると考えたのです。

最近、トランプ大統領が、朝鮮半島で戦争が起きたからといって、アメリカ人が死ぬわけではない。死ぬのは朝鮮の人たちだ、と言っていますが、それは戦略を切り替えたからなんだということです。

韓国と北朝鮮を理解するには、「内在的論理」を知る

――韓国と北朝鮮は、それぞれに朝鮮戦争の歴史をどういうふうに教えているのですか？　また、日本に対して反感を覚えるような教育をしているのですか？


詳しくは、このあとの章で北朝鮮と韓国のその後の歴史を話す中で説明します。韓国では、「北朝鮮が侵攻してきて朝鮮戦争が始まった」と教えています。

北朝鮮はどう教えているのでしょう。「韓国とアメリカが攻めてきた。それに対し北朝鮮軍は英雄的に戦って戦争に勝った」と教えています。そして朝鮮戦争が休戦協定を結んだ日を、北朝鮮では戦勝記念日と呼んでいるのです。

北朝鮮は、中国軍の支援によってかろうじて生き延びることができたでしょう。でも今では、中国軍から支援を受けたことも一切教えなくなりました。そういうことからも、北

朝鮮が中国やロシアとも距離を置き、孤立していることがわかります。

第二次世界大戦が終わり、敗戦した日本は朝鮮半島から引き揚げます。そして、北朝鮮と大韓民国ができて、朝鮮半島は南北に分割されます。

日本の統治下にあった時代に、朝鮮半島から大勢の人が日本で働くためにやってきました。戦争が終わって朝鮮半島に戻っていった人もいますが、自国に帰っても家族や親戚がいないという人もいました。

日本に生活の基盤ができていて朝鮮半島に戻る必要性を感じない。日本に残った人たちは、在日韓国人、在日朝鮮人、いわゆる「在日」と呼ばれる存在になりました。そして、日本の中で在日の人たちを差別する意識が生まれ、いわゆるヘイトスピーチをする人たちも出てきました。

日本で在日に対するヘイトスピーチが行われれば、当然韓国ではそれに対する反発が起きる。韓国で反発が起きると、また日本の中でも反発が起きる。そういう負の連鎖が、現在に至る不幸な歴史をつくってきたともいえます。

たとえば、韓国の人たちは、なぜ反日なんだろうか。北朝鮮はなぜ国際社会に楯突《たて》くように核兵器やミサイルを開発しているんだろうか。その理由を考えるうえで、その国について表面的でなく理解することが重要ではないかと思うのです。

それを「内在的論理」といいます。まずは、その国の立場に立って考えてみようじゃないか、ということです。

国と国も、人と人のご近所付き合いと同じです。まず互いを知ることから始める。日本人の感覚では信じられないことでも、彼らには彼らなりの論理があるんですね。その彼らなりの内在的論理を理解したうえで、日本としてどう付き合っていくのかということを考える。そういう姿勢が、今、私たちに求められているのです。

第2章
「『金王朝』の始まり」から見る北朝鮮

ソ連が「キムイルソン伝説」を利用した

さて、ここからは北朝鮮です。正式な国名は、朝鮮民主主義人民共和国です。前の章で、北朝鮮と韓国は、日本が戦争に負けたので国ができたという思いがどこかにある、そこで両国とも日本を打ち破って我々が国をつくったんだ、という「建国神話」が必要だった、と話しました。

その国のことを知るためには、歴史を知ることです。まず、北朝鮮の建国の歴史について、見ていきましょう。そこには、驚きに満ちた「建国神話」があります。

Q 北朝鮮を建国した人物の名前を知っていますか？

――**金日成《キムイルソン》です。**

では、金日成（写真②）と現在の指導者である金正恩《キムジョンウン》の関係は？

――**金正恩の祖父です。**

そうですね。北朝鮮は、金日成が建国し、息子の金正日《キムジョンイル》（写真③）があとを継ぎます。そして現在、孫の金正恩が実権を握っています。完全な世襲です。

中国でも、ロシアでも、国家権力の世襲はありません。王様が支配している国でもないのに、国の最高権力者が世襲される。どうして、そんなことになったのでしょうか。

北朝鮮は１９４８年9月に建国されました。建国の父が金日成です。そもそも金日成は本名ではありません。本名は金成柱《キムソンジュ》といいます。その理由は、このあとお話しします。

金日成こと金成柱は、１９１２年4月15日、平壌の近郊の村で、医者の家に生まれます。家は現在も保存されていて、この地は万景台《マンギョンデ》と呼ばれています。

日本による韓国併合が１９１０年。金成柱が生まれたのはその2年後。朝鮮半島はすでに日本の統治下にありました。

金成柱の両親はクリスチャンでした。朝鮮

写真②―金日成（1970年撮影）
｜写真提供：時事通信社

写真③―金正日（2007年撮影）
｜写真提供：時事通信社

でキリスト教？　と不思議に思うかもしれませんが、当時の平壌はアメリカ人宣教師によるキリスト教教育が盛んだったんですね。

父親は民族主義団体に参加して逮捕され、出獄後は満州（中国東北部）に逃れて医者を続けていました。金成柱は一時、母親の故郷で過ごしましたが、１９２７年、満州に移ります。15歳の時です。１９３１年に日本は満州事変を起こし、日本の傀儡の「満州国」ができます。

金成柱はやがて、抗日運動に関わるようになります。朝鮮半島の日本支配に抵抗して、日本軍と戦います。当時の満州で抗日運動をする朝鮮人の多くは、中国共産党に入党していました。金成柱も例外ではありません。

朝鮮半島の北部、中国との国境沿いに、白頭山《ペクトゥ》という美しい山があります。白頭山は、朝鮮半島の人にとって、大切な山です。日本人にとっての富士山のような存在です。金成柱は、この白頭山のふもとで抗日運動を続けていました。しかし、日本の治安部隊に追われて、ソ連へと逃げ込みました。１９４０年10月のことです。

ソ連は対日戦争を念頭にいずれ朝鮮半島を攻めることを想定して、ソ連軍の中に朝鮮人部隊をつくり、ハバロフスクの近郊に野営地を置いていました。金成柱はソ連軍の兵士となり、大尉として朝鮮人部隊を率いるようになります。

やがて日本が敗戦し、朝鮮半島から出ていきます。朝鮮半島の北部はソ連の支配下に置かれました。ソ連は朝鮮半島に自分たちにとって都合のいい国、自分たちの言いなりになる国をつくろうと考えます。その国のトップに誰を据えればいいか。そこで目をつけたのが、朝鮮人部隊の隊長だった金成柱です。この時にソ連が利用したのが抗日の英雄「キムイルソン伝説」です。

日本が朝鮮半島を統治していた時代に、日本軍と勇敢に戦い続けているキムイルソンという伝説的な将軍がいる。そんな話がまことしやかに語られ、朝鮮半島に広まっていました。都市伝説のようなものです。どんな字を書くのかもわかりません。実は、金成柱も満州で抗日闘争をしている頃、金日成を名乗るようになっていました。仲間たちから、おまえは将来、朝鮮半島のリーダーになるべき存在だ。おまえは朝鮮半島の太陽となれと言われ、金日成と呼ばれるようになったと、公式の伝記には書いてあります。

ここで、金日成の公式伝記にあるエピソードをひとつ。1919年3月1日に朝鮮半島では抗日独立運動（三《さん》・一《いち》運動）が起こります。その時、金日成は運動の先頭に立って朝鮮の人たちを指導したといわれています。

Q どこかおかしいと思いませんか？

――１９１２年生まれですよね。ということはその時、まだ７歳です……。

そうなんです。あまりのバカバカしさに笑ってしまいますが、北朝鮮での金日成の公式の伝記には、そう書かれているんですね。

ともかく、ソ連軍の大尉に、金日成と呼ばれていた男がいる。「キムイルソン伝説」を利用するには最適の人物だ。ソ連はそう考えました。そして金日成こと金成柱を、指導者として朝鮮半島に送り込みます。伝説の将軍キムイルソンの凱旋です。

１９４５年10月14日。平壌で開かれた日本支配からの解放を祝う祝典で、金日成は初めて市民の前に姿を見せます。「伝説の将軍キムイルソン」をひと目見ようと集まった人々で、８万人を収容するスタジアムが埋まりました。

登場した金日成の姿を見て、みんな驚きました。伝説のキムイルソン将軍は、日本が朝鮮半島を統治していた36年間ずっと戦い続けてきたとされる猛者《もさ》です。誰もが白髪の老将軍が現れると思っていました。

ところが、そこに現れたのは33歳の若者でした。しかも、朝鮮語がたどたどしかったのです。金日成が生まれたのは朝鮮半島ですが、長く中国に住んでいるうちに、中国語はぺらぺらでも、朝鮮語がぎごちなくなってしまいました。

その集会に参加して、その後北朝鮮から逃げ出した人の証言によると、聴衆の間からキムイルソンの偽者だという声が上がり、大騒ぎになりました。周りを警備していたソ連軍の兵士が空に向かって銃を撃ち、騒ぎを収めたということです。

新たな金日成神話が捏造《ねつぞう》された

朝鮮の人たちから見れば、金日成はキムイルソンの偽物です。しかし、ソ連のあと押しによって、金日成が北朝鮮の最高指導者に据えられました。自分の実力ではなく、ソ連軍の力で最高指導者の地位に就いたのです。

しかもソ連に逃げて訓練だけ受けていた自分の仲間たち以外は、日本の統治下で朝鮮半島にとどまって日本と戦っていた人たちや、中国共産党と一緒になって日本と戦ってきた猛者たちです。歴戦の勇士の上に、自分が立たなくてはなりません。

実力も経験もない金日成は、歴戦の勇士たちに対してコンプレックスを感じたはずです。

Q 金日成は、自らの指導力を発揮するために、どんなことをしたでしょう?

——歴戦の勇士のリーダーを厚遇して、自分の味方につけた。

そういう方法も考えられるね。でも金日成には、そこまで余裕はなかった。目障りな人物は、全員亡き者にしてしまえばいいと考えたのです。

朝鮮半島や中国で日本軍と戦ってきた勇士たちに対し、アメリカ軍のスパイだ、韓国のスパイだと決めつけて、次々とライバルを粛清《しゅくせい》。つまり処刑していきます。身の危険を感じて、中国やロシアに逃げていった人もいます。結局、金日成は、ソ連から一緒にやってきた自分の仲間以外は、みんな粛清してしまったのです。

ここからさらに歴史の偽造が始まります。日本に追われてソ連に逃げ込んでいたことが国民に知られると、最高指導者としての権威はガタ落ちです。伝説の将軍金日成は歴戦の勇士でなくてはなりません。そこで、朝鮮半島にとどまり、白頭山の山中で日本と戦い続けていたという神話を捏造したのです。

金成柱は、ハバロフスク近郊のソ連軍の野営地にいた頃に、行動をともにしていた金《キム》正淑《ジョンスク》と結婚。その地で、ふたりの男の子を授かりました。長男は「ユーラ」、次男は「シューラ」と名付けます。ソ連で生まれたので、ロシア語の名前をつけたのですね。

金日成となった金成柱は、金ユーラと金シューラを連れて北朝鮮に戻ってきました。ここでひとつ問題が起こります。

金日成は、白頭山の山中で日本と戦い続けていたはずです。ソ連にいたことがあってはいけません。それに金日成の子どもたちが、ユーラとシューラというロシア語の名前では都合が悪い。北朝鮮に戻ってきてから、金ユーラには、金正日という朝鮮名をつけました。

一方、金シューラは北朝鮮に戻ってきたあと、家のプールで遊んでいたところ、溺れて死んでしまいます。朝鮮名がつけられる前に亡くなったのです。金日成の公式の伝記を読んでも、次男の金シューラという人物はどこにも出てきません。ソ連が崩壊したあと、ロシア国内でこれらのことを証言する人たちが現れたのです。

さらに息子の金正日は、白頭山の秘密基地で生まれたという、歴史の偽造が行われます。ある日突然、白頭山の山中で、金日成が秘密基地にしていた山小屋が見つかります。そして秘密基地周辺のあちらこちらで、「金正日様が生まれた。素晴らしい」「これから私たちを導いてくれる方がお生まれになった」というような、木肌に刻み込まれた文字が次々と見つかります。

現在では、その文字が風雨にさらされて消えてしまってはいけないというので、ガラスで覆われて保存されています。発見された時点で、長年風雨にさらされてきたはずなのに、なぜ文字が消えていなかったのか不思議なのですが（笑）。

歴史の偽造は、さらに続きます。朝鮮半島が日本の支配下に置かれている間、金日成は、戦い続けてきた。その戦歴は、10万回日本軍と戦闘して、すべて勝ったということです。

北朝鮮に戻ってきた時、金日成は33歳です。仮に20歳くらいから毎日休みなく戦っていたとして、単純計算で一日あたり20回戦闘していたことになる（笑）。日本軍と一日20回戦闘して、すべて勝利したということになるんですね。そういう偽りの伝記で、金日成は万能の指導者だというイメージが形成されていきます。そこから徹底的な個人崇拝が行われていくことになったのです。

もし金日成が、民主的な選挙で北朝鮮の最高指導者に選ばれていれば、国民の信任を受けたリーダーですから何も虚勢を張る必要がない。しかし、金日成は国民の選挙で選ばれたわけではありません。ソ連によって北朝鮮のトップに据えられた。だから、リーダーとしての自信がない。そこで、ライバルを次々と粛清し、偽りの伝記をつくることによって、自分の権威を維持するしかなかったのです（図表①）。

信任率100％で、国会議員が選ばれる

1948年9月9日、朝鮮民主主義人民共和国の建国が宣言されます。建国した最初の段階では、まず国会議員を選び、国会議員の中から首相が選ばれるというかたちを取りました。一見、日本と同じような仕組みですね。

図表①―**金日成の実像と神話化** | 写真提供：2点とも時事通信社

金日成（本名 金成柱）の実像

1912年4月15日生まれ
1927年、15歳の時、満州に移る。

抗日運動に関わるようになり、白頭山のふもとで日本軍と戦う。自ら金日成と名乗るようになる。

1940年10月、日本部隊に追われ、ソ連に逃げ込む。ハバロフスクでソ連軍の兵士となり、朝鮮人部隊の大尉となる。現地で結婚し、ふたりの息子をもうける。

1945年、太平洋戦争で
日本が敗戦し、朝鮮半島から撤退。

ソ連が朝鮮半島に傀儡国家をつくるため、「伝説の将軍、朝鮮半島に凱旋」をお膳立て。

朝鮮半島に伝えられる、「抗日運動の英雄キムイルソン」

＋

金日成と名乗っていた金成柱（1944年撮影）

1948年、朝鮮民主主義人民共和国建国。

ライバルを粛正し、権威づけのために、「金日成神話（公式伝記）」を捏造（右項目参照）。

絶対的なリーダーの座を確立し、独裁政権の「金王朝」が始まる。

捏造された公式伝記

1919年の抗日独立運動では先頭に立って指導した。

当時7歳だが…？

満州で戦っていた頃、仲間から「将来、朝鮮半島の太陽となれ」の意味で、金日成と呼ばれるようになった。

自分から名乗っていた

白頭山にある金日成の秘密基地で、息子の金正日が生まれた。

ソ連で生まれて
ソ連名がつけられていた

日本の支配下において、日本軍と10万回戦い、すべて勝利した。

20歳から毎日20回
戦闘し全勝した…!?

市民からは「伝説の
将軍としては、若すぎる」
「朝鮮語もたどたどしい」
「偽物では?」と
疑惑の声も…。

こういった疑惑を
打ち消す

金日成は、最初は首相だったのです。その後、憲法を変えて国家主席という肩書に変わります。国家主席とは何か。英訳すると、President（プレジデント）。つまり大統領なんですね。では、どうやって国会議員を選んだのか。実は、選挙を実施したのですが、どんな選挙が行われたのでしょう。

国会議員選挙は、ひとつの選挙区からはひとりしか立候補ができない小選挙区制で行われました。ここで、日本と大きく違うのが、立候補者です。「私が立候補します」と言っても立候補できません。この選挙区ではこの人を立候補させます、という通知が上から来るのです。

そして、それぞれの選挙区では、立候補者を認めるかどうかの信任投票が行われました。投票所には、白い投票箱と黒い投票箱が置かれました。信任する場合は、白い投票箱に、信任しない場合は黒い投票箱に、投票用紙を入れるわけです。

投票所では、大勢の当局者が監視しています。もし黒い投票箱に入れて不信任とすると、投票所から出た途端、そのまま行方不明になってしまうんじゃないかと思うわけです。怖いですね。命の危険を冒してまで、反対票を入れる人はいません。国民の圧倒的な支持によって国会議員が選ばれ、その中から金日成首相が選ばれたというわけですね。

現在も各選挙区候補者はひとりだけで、信任投票を行うのは同じです。しかし、投票の方式が変わりました。白黒あった投票箱は、ひとつだけになりました。投票所に行くとまず、投票用紙を受け取ります。信任する場合は、そのまま何も書かずに投票箱に入れます。不信任の場合は、みんなが見ている前で記載台まで行き、投票用紙にバツをつけてから投票箱に入れるのです。

方式は変わっても、やっていることは同じですね。誰がバツをつけたか明白なわけです。かくして、北朝鮮では国会議員の信任率は常に１００％なのです。

――そんな怖い思いをしてまで、投票したくないと思う人は出てこないのですか？

いい質問ですね。日本では国政選挙でも投票率は50から60％くらいで、約半数の人が棄権しているわけです。

北朝鮮の投票率は99から１００％の間です。すごい投票率です。でも、もしあなたが北朝鮮の国民なら、自分の判断で投票できない選挙の投票になんて行きたくないでしょう。ではなぜ、投票率がこんなに高いのか。

投票に行かないと、あの人は信任票を入れたくなかったんだと見られます。投票に行かないということは、不信任票を投じているのと同じ。命が危なくなります。北朝鮮では寝たきりの人以外は全員、這ってでも投票に行くのです（p66写真④）。

選挙制度があるからといって、それが民主的だとはかぎらないのですね。どのような選挙が行われているかが重要なのです。

投票率100%で、信任率も100%。北朝鮮の国会議員は全国民の圧倒的支持によって選ばれている。民主主義では絶対に考えられないようなことが成立しているのです。


朝鮮民主主義人民共和国という国名なのに民主主義的じゃない。どうしてですか?


いい質問ですね。世界の国を見て、その国が民主主義の国なのか、人権主義、つまり国民を大切にしているかどうかが、端的にわかる方法があります。

国名で民主主義を名乗る国は、民主主義ではない可能性が高いのです。民主主義の国はわざわざ名乗る必要がないからです。アメリカ民主主義共和国なんて言わないでしょう。

たとえば、旧東ドイツはドイツ民主共和国

写真④—北朝鮮の選挙｜写真提供:共同通信社
投票前の行列(画面奥)と投票を終え、踊る有権者たち。

です。まったく民主的な国ではありませんでした。西ドイツは民主的な国で、正式な国名はドイツ連邦共和国でした。中国は中華人民共和国ですね。しかし人民主権ではなく、実情は共産党の一党独裁です。アフリカのコンゴ民主共和国では、独裁者が次々出現して、今も内戦が続いてます。朝鮮民主主義人民共和国も、民主主義でもないし、人民を大切にしていない国だとわかります。

絶対的指導者が国を窮地に追い込む

指導者としての経験も実力もないコンプレックスの塊だった金日成ですが、国民の圧倒的支持を受けて成立した議会から、圧倒的な支持を受けて首相に任命される。さらに国家主席となり、独裁体制を築いていきます。積み重ねられたフィクションの上で、北朝鮮の最高指導者としての自信がゆるぎないものになっていったのでしょう。金日成に対する個人崇拝が行われるようになります。

個人崇拝が行われると、どんなことが起こるのでしょう。圧倒的な力を持っている万能の指導者です。国の中で課題ができた時、とにかく金日成の教えを請うようになります。北朝鮮の至るところで、金日成が現地指導をするようになりました。

朝鮮半島の北側は、山の多い地域です。川も急流が多い。日本が統治していた時に、その急流の水をせき止めてダムを建設、水力発電所がたくさんできていました。その豊富な電力を使い、日本は朝鮮半島北部を工業地帯として運営していたのです。

一方、朝鮮半島の南側は温暖な気候です。農業地帯が広がっていました。日本の統治下では、朝鮮半島の北部は工業地帯、南部は農業地帯と役割が分担できていました。

ところが、それが北緯38度線で分断されてしまいます。第二次世界大戦後、北朝鮮は世界でも有数の工業国としてスタートします。対して韓国は農業国で、工業はゼロから始めなければなりませんでした。北朝鮮は、そんな有利な立場だったのです。

Q ところが北朝鮮は国家を運営するために、あることをしなければなりません。さて、それはなんでしょう?

――**工業製品を輸出して、外貨を稼ぐ。**

もちろん、そういうことも大切です。しかし国民生活のために、もっと重要なことがありました。

北朝鮮は工業国です。実は、ここに大きな問題があったんですね。工業は進んでいたけれど、農業は盛んではなかった。つまり食料が不足しがちだったのです。指導者となった金日成の最大の課題は、農業を活発にして農産物をいかに増やすか、ということでした。

そこで、金日成は現地指導を始めます。北朝鮮は、山の多い地形です。山を見ると木がたくさん生えています。金日成は「山の木を全部切り倒して段々畑をつくりなさい。そこにトウモロコシを植えて、食糧を増産しよう」と、現地指導しました。

北朝鮮の人たちは、金日成の言葉のままに、山の木をすべて切り倒し、段々畑を開墾《かいこん》し、トウモロコシを植えました。トウモロコシは、1年でひょろひょろっと成長します。ところが、雨が降ったり風が吹いたりすると、すぐに倒れてしまいます。ちょっとの雨でも、段々畑のトウモロコシはすぐに倒れ、流されてしまうんですね。

段々畑は日本にもあります。そこで栽培されているのは、お茶やミカンです。これらの植物は、何年もかけてしっかり根を張ります。雨で簡単に流されたりはしないのです。

ところが、農業のことを何も知らない金日成が、トウモロコシを植えれば食糧が増えるだろうと指導した。農民たちが、苦労して開墾した段々畑は全部だめになってしまいます。

山の木は、全部切り倒されてしまいました。ハゲ山には保水力がありません。雨が降ると、山の上から下に一気に水が流れます。あっという間に洪水になり、土砂崩れが起こります。ふもとの田んぼはすべて土砂で埋まってしまいます。山に雨が降り続くと、すぐに土砂崩れが起き、その土砂は川に流れ込みます。そうすると、土砂が堆積して川底が浅くなります。

少しの雨でも、川が氾濫《はんらん》するようになります。川が氾濫すると、農作物は水浸しになって全滅します。その土砂はやがて、河口の港まで流れていきます。港の海底に土砂がたまります。海が浅くなって、大型船が着岸できなくなり、港の機能が麻痺《まひ》します。

土砂はさらに流れて、沖合いまで広がります。北朝鮮沿岸の遠浅の海には海藻がたくさん生えていて、魚の産卵場所になっていました。そこが全部土砂で埋まってしまったのです。北朝鮮では沿岸漁業も壊滅状態になりました。

逆に、日照りが続くとどうなるでしょう。山に保水力がないものですから、あっという間に干ばつが起こります。水が足りなくなって、作物がつくれなくなってしまうのですね。

現在でも、北朝鮮では「洪水のため山崩れが起きた」「雨不足で干ばつになった」というニュースがたびたび報じられます。日照りが続いても、韓国では干ばつが起きないのに、北朝鮮では干ばつが起きる。それは金日成の指導によって、山の木を全部切り倒してしまったからなのですね。

稲作農家にも困った問題が出てきました。稲刈りをしたあと、脱穀する前に乾燥させる必要があります。日本では、今でこそ乾燥機にかけていますが、昔は、木と木の間に横木を通して、そこに稲をかけて天日干ししていました。地域によって呼び名が違いますが、「はざかけ」とか「かけぼし」という乾燥方法です。ところが、北朝鮮には、稲をかけるための木がありません。みんな切り倒してしまったからです。そこで、どうやって稲を乾燥したのか。私が北朝鮮の農村地帯に行った時のことです。道路の上に、稲が敷き詰められたように放置されている。これはどうしたことかと思っていたら、刈り取った稲を乾燥させているということでした。

お米が主食の国の人間としては、稲を踏んで歩くことなどできません。ところが、北朝鮮の人は平然とその上を歩いている。驚いたことに、車もその上を走っている。せっかく収穫したお米も、人や車に踏み潰されてどんどんだめになっていきます。まったくなんということだろうと、言葉を失いました。

「山の木を切れ」という金日成のひと言で、北朝鮮は食糧難に陥っていきました。金日成の没後、山に木を植える運動を始めています。しかしいったん失われた自然は、なかなか元には戻りません。

飛行機で朝鮮半島を上空から見ると、韓国は緑に覆われて、自然が豊かだということがわかります。北朝鮮は、赤茶けた地肌が延々と広がっています。絶対的指導者の鶴のひと声で、農業が壊滅的な状態になり、すぐ飢饉《ききん》が発生する。現在まで続く北朝鮮の食糧難は、金日成の誤った政策に原因があるのです。

こう見てくると、独裁って恐ろしいと思うでしょう。北朝鮮の国民の中にも、独裁はおかしいと感じている人はいるはずです。

でも、そんなことを少しでも口にすると、自分の命が危うくなる。何も考えない、何も言わないのがいちばん。なまじ、自分の頭で考えて良否を判断するより、言われたことだけやっていればよいのだ、という人が増えてきます。

かくして、全国民が一斉に指示待ちになります。「なんでも指導してください。言われたことは、そのとおり行います。指示されなければ、何もやりません」。絶対的なカリスマ指導者に対し、思考を止め、権力に対し従順であることが、自分の身を守るために最良の方法だということになります。

北朝鮮では、国中がそうなりました。これでは国力が衰退していくのは当たり前です。

ここまで話を聞いてきて、「日本は北朝鮮とは違う。よかったな」と、他人事のように思っている人もいるかもしれません。しかし、絶対的指導者の問題は北朝鮮にかぎったことではありません。日本でもカリスマ経営者が率いている企業は似たような危険性をはらんでいるのです。

たとえば、かつて日本中を席巻《せっけん》した「ダイエー」というスーパーマーケットの巨大チェーンがありました。ダイエーには、中内㓛《なかうちいさお》というカリスマ経営者がいました。

彼は商売の天才でした。売り場にどのように商品をレイアウトすればよく売れるか、ぱっと見ただけでわかったそうです。全国のチェーン店を回って、どんどん指示を出していきました。

そうすると、どうなるか。店長も店員も、みんな自分で考えなくなり、中内社長の指示を待つようになりました。ダイエーがまだ小さい会社だった頃は、それでもうまくいきました。カリスマ経営者の目が全店舗に行き届いていたからです。

ダイエーは店舗がどんどん増えて巨大な全国チェーンになりました。当然、目が行き届かなくなります。どの店舗もうまくいかなくなり、業績不振に陥ります。その後、ライバル関係にあったイオンに買収されました。

圧倒的なカリスマ、つまり独裁者がいて、その人の言うことさえ聞いていればいいという組織は、国家であろうと、企業であろうと、衰退してしまうということを、私たちは、知っておく必要があると思います。

——北朝鮮では、圧倒的カリスマ指導者の存在によって、国民が指示待ちになりました。でも、中国では、逆に圧倒的カリスマ指導者がいたことで、自分本位に考えるようになったと、先生の本に書いてありました。

よく勉強してくれていますね。いろんな国のことを知り、いろんな考え方を知ることは、とっても大切なことです。中国と北朝鮮では状況が少し違っていたからなのです。

北朝鮮では、「五人組」といって、5世帯ごとに相互監視体制がとられました。これは日本が朝鮮半島を統治していた時に使っていた密告制度の名残りです。

5世帯がひとつのグループになって、お互いを監視する。誰かが政府のやり方に反対していることがわかると、ただちにそれを密告しなければいけないという仕組みです。

もし密告しなかった場合どうなるか。あとからそのことがわかると密告しなかった人も罰せられる。絶対に政府を批判できないような仕組みなんですね。今は3世帯ごとの監視体制になったといわれます。この密告制度もあって、北朝鮮ではとにかく黙って、政府の言うことを聞いているのがいちばん安全なんです。

中国の場合は、どうだったか。中国のカリスマ指導者といえば、毛沢東です。大躍進政策の失敗で3000万人とも5000万人ともいわれる餓死者を出します。また毛沢東が復権を狙った文化大革命では、国中が大混乱に陥ります。

国民を統治する組織自体が、崩壊し壊滅状態でした。そのような状況下では、生きていくためには自分でなんとかしなければならない。

当局の指示を待っていたら、死んでしまう。そういう状態の中で中国の人たちは、とにかく自分や家族さえよければいいという考え方になりました。その壮絶な時代を生き延びることができた人たちの子孫が、今、中国にいるということです。中国について、詳しくは『池上彰の世界の見方　中国・香港・台湾』を読んでみてください。

――ソ連は自分たちの言いなりになる国をつくろうと、金日成を送り込みました。でも、今の北朝鮮は、ソ連の言うことも聞かない暴走状態のように思います。ソ連は、こういう独裁国家になることを予測していたのでしょうか。

ソ連、現在のロシアにしてみたら大誤算です。まさか、こんな国になるとは夢にも思っていなかったでしょう。

もし北朝鮮が崩壊したら、北朝鮮の人たちはどこに逃げていくと思いますか？　南には韓国との間に軍事境界線があって、そこには地雷原があります。ということは南には逃げられない。北に逃げれば、ロシアまたは中国です。この2国と北朝鮮の国境あたりの北側には朝鮮族が暮らしています。自分たちと同じ言葉を話し、同じ文化を持つ人たちがいるのです。当然、そこに助けを求めて逃げてくるでしょう。

北朝鮮から、とてつもない数の難民が押し寄せてきたら、ロシアも中国も大混乱になるおそれがある。核兵器をちらつかせて世界を挑発する北朝鮮に対して経済制裁が実施されていますが、徹底した経済制裁をして、北朝鮮が崩壊したら困る。それが、ロシアや中国の現在の立場なのです。

もし北朝鮮で大混乱があり、難民が押し寄せてきたら、それを食い止めなくてはなりません。ロシア、中国ともに、北朝鮮との国境沿いには、軍の精鋭部隊を配備しています。とんでもない国を生み出してしまった。それがロシアの、正直なところでしょう。

在日朝鮮人を襲ったふたつの悲劇

北朝鮮と日本の間で、大変な悲劇が起こりました。それが在日朝鮮人の帰還事業です。北朝鮮では「帰国事業」と呼んでいます。

日本が朝鮮半島を統治していた時代に日本に渡り、日本が敗戦したあともそのまま日本に残っていた在日の人たちが北朝鮮に帰国しようという運動です。１９５９年から始まって、「帰国事業」が終了する１９８４年までに９万３３４０人の在日の人たちが北朝鮮に帰っていきました。

１９５３年7月27日、朝鮮戦争が休戦状態になります。朝鮮戦争では、北朝鮮、韓国ともに大勢の若者たちが戦死しました。働き盛りの若者がいなくなり、労働力不足に陥りました。そこで、北朝鮮が目をつけたのが在日の人たちです。

日本の統治時代に、２００万人ともいわれる朝鮮半島の人たちが日本にやってきました。

日本の敗戦後、大勢の人たちは帰国しましたが、身寄りのない人など、そのまま日本に残った人もたくさんいます。朝鮮戦争が始まり、帰国するのは危険だと考え、日本にとどまっていた人たちもいました。

ところが在日の人たちは、日本国内で差別を受けました。朝鮮人だというだけで、差別を受ける。朝鮮人であることを隠して、日本名を名乗る人も出てきます。朝鮮人だとわかると、なかなか就職できませんでした。

そんな時に、在日の人たちに対して、北朝鮮が大宣伝を行います。北朝鮮は「地上の楽園」です。ぜひ我が国に戻ってください。北朝鮮に帰ってくれれば、大学まで授業料無料で勉強することができます。

日本で差別に苦しんでいた在日の人たちにとって、希望の光が灯《とも》りました。彼らは、続々と北朝鮮に帰っていきました。それを支援したのが、赤十字です。日本と北朝鮮の間に国交がなかったため、日本赤十字社と朝鮮赤十字社によって、その橋渡しが行われました。これが「帰国事業（在日朝鮮人の帰還事業）」です。

日本の国内の受け止め方はどうだったのか。「北朝鮮はいい国らしい。よかったね。幸せになってください」と、好意的に送り出す人。「在日の連中がいるとトラブルも多い。お払い箱にする絶好のチャンスだ。さあ、帰ってくれ」という人。日本人の中にも、いろんな意識がありました。

帰国事業で、「地上の楽園、北朝鮮」へと大勢の人たちが向かいました。中には、在日の人と結婚した日本人や、その間に生まれた日本国籍を持った人たちもいました。帰国者9万3340人のうち、およそ6800人は日本国籍を持っていたのです。この6800人のうち多くが、日本人妻と呼ばれる人たちです。彼女たちは、在日の夫の帰国に付き添って北朝鮮に渡ります。お盆や正月には日本の実家に里帰りできるんだから、ついていってもいい、という軽い気持ちだったのでしょう。大勢の日本人妻が北朝鮮に渡ります。

Q 日本人妻たちは、その後どうなったと思いますか？

――帰ってこなかった……。


そうなんです。みな、北朝鮮へと渡ったまま消息を絶ってしまいます。

北朝鮮の大宣伝を信じて、家族全員で帰国しようとする人がいる一方で、本当に「地上の楽園」なんだろうかと疑った人もいます。

そういう人たちは、どうしたのでしょうか。たとえば家族の中のひとりだけが、先に北朝鮮に帰国します。そこが本当に「地上の楽園」だったら、みんなも来いという手紙を出す。そういう手段を取る人がいました。

でも、もう少し思慮深い人は、「地上の楽園」ならいいけれど、もし地獄だった場合、どうなるだろう。来るなという手紙を書いても、日本に届くわけはない。「地上の楽園」だから早くおいでと、強制的に書かされるに違いない。そう考えました。

家族で相談して、こう取り決めた人もいます。「地上の楽園で素晴らしい、ぜひ来なさい」と縦書きで書いてあったら、本当だから来てもいい。もし横書きで書いてあったら、絶対に来てはいけない。

北朝鮮の宣伝が本当か嘘か。在日の家族にとっては大問題です。手紙の縦書き、横書きのほかにも、いろんな知恵が絞られました。その中のいくつかを紹介しましょう。

「ここは大変素晴らしいところで、以前私たちが暮らしていたあの街と同じ暮らしができる」と書いてきた。実はその街で暮らしていた時、家族はどん底の苦しい生活をしていた。家族にだけわかる暗号です。

「早く来てください、子どもが20歳になったら来てください」と書いてある。子どもはまだ生まれたばかりなんですね。これは、当分来るなという意味だとわかります。

「私たちは金日成将軍のもとで何不自由ない暮らしをしています。ついては、サッカリンを送ってください」、こんな手紙もありました。

サッカリンって、知っていますか？　戦後、砂糖は一般家庭にはとても手の出ない高級品だった時代があります。砂糖の代用品として、人工的につくられたサッカリンという安価な甘味料がありました。何不自由ない暮らしをしているはずなのに、なぜ砂糖の代用品を送ってくれと言うのだろう。家族は不思議に思います。

さらに、布団を送ってくれ、服を送ってくれという手紙が次々に届きます。北朝鮮では、本当に貧しい暮らしをしている実態が明らかになっていきます。日本に残った家族は、北朝鮮の家族にいろんなものを送ります。そのうちに、お金も送り始めます。

みんなさまざまな手段を使って、日本に残した家族に危険信号を送ります。最初は、大勢の人が帰国していましたが、途中から急に誰も帰国しなくなりました。

日本にとどまった在日の人たちは、家族を北朝鮮に人質に取られてしまったという構造になっています。在日の人たちは、日本人からの差別だけではなく、北朝鮮での人質というもうひとつの悲劇を味わうということになったのです。

北朝鮮に渡った人々は、その後どうなったか。「ここは、地上の楽園じゃない。北朝鮮は嘘をついた」、そういう批判をした途端、どこかに連れ去られて、姿を消してしまった人もいます。この国で政府に対する不満を言ったら消されてしまうおそれがある。それからは、もう何も言わない、口を閉ざしているのがいちばん安全だという事態が続いている。これが北朝鮮の実情です。

第3章
「反日のルーツ」から見る韓国

韓国にも建国神話が必要だった

次は、朝鮮半島の南に位置する韓国を見ていきましょう。正式な国名は大韓民国です。韓国が建国されたのは、1948年8月。北朝鮮が建国を宣言する1か月前です。1945年8月、日本の降伏前からソ連軍が朝鮮半島に進軍し、北部地域の占領を始めていました。朝鮮半島をソ連の占領から守るために、アメリカ軍が朝鮮半島南部に入ります。アメリカは、朝鮮半島をソ連とアメリカで分割統治することをソ連に提案。ソ連はこれを受け入れました。朝鮮半島はアメリカとソ連によって、北緯38度線で南北に分割されます。北緯38度線の南側はアメリカの占領下に置かれます。つまり、韓国はアメリカに占領されたことによって国ができた、ともいえるのです。

韓国には北朝鮮に対するコンプレックスもありました。金日成は確かにつくられたヒーローです。でも日本支配に対抗して旧満州で日本と戦ったことは事実です。韓国も北朝鮮同様に「自ら独立を勝ち取った」という建国神話をつくらざるをえなかったのです。

韓国はどんな建国神話をつくったのか。それを知るために、重要な文献があります。大韓民国憲法の前文です。

「悠久の歴史と伝統に輝く我々大韓国民は三・一運動で成立した大韓民国臨時政府の法統（中略）を継承し……」という文章で始まります。

これがそのまま建国神話なんですね。といっても、なんのことかよくわからないでしょう。ここで質問です。

Q 第2章でもちょっと触れましたが、「三・一運動」とはなんだったか、覚えていますか？

――日本による植民地化に朝鮮の人々が反抗して起こった独立運動です。

そうですね。「三・一独立運動」とも呼ばれます。1919年3月1日に、朝鮮半島で日本の支配に反対する人たちが暴動を起こしました。朝鮮全土で200万人が参加したといわれています。しかし約1年間続いた「三・一独立運動」は、日本の朝鮮総督府によって制圧されます。

「三・一独立運動」で、弾圧された人々の一部は中国（当時は中華民国）の上海《シャンハイ》に渡って「大韓民国臨時政府」を組織します。大韓民国憲法の前文に「大韓民国臨時政府の法統を継承し」とあるのは、大韓民国は、日本の支配に反対する人々の運動から始まった大韓民国臨時政府の正統性を受け継いでいる国だ、という意味です。

「大韓民国臨時政府」については少し説明が必要です。というのも、大韓民国臨時政府とは、名ばかりの組織で、その運営費用はすべて中華民国（当時）が出していたのです。とても独立した組織だとはいえません。

第二次世界大戦の始め、ナチス・ドイツがヨーロッパを占領していきます。オランダやフランスなどは、ナチス・ドイツの指揮下に置かれます。自国を追われた政権は、イギリスに移り亡命政府をつくります。これらの亡命政府は、国を追われたリーダーたちが再び自国を取り戻すために作戦を立てたり、本国との連絡をとったりするために置かれたものです。また、イギリスの全面支援を受けることなく、自立的に運営していました。

大韓民国臨時政府は、日本が統治している朝鮮半島の人々との間に、なんの連絡手段も持っていませんでした。上海に逃げたひと握りの人たちが勝手に大韓民国臨時政府という名前を使ったにすぎないのです。

その後、日中戦争が勃発（1937年）。日本が上海を攻めると、中華民国の国民党政府は重慶《じゅうけい》に逃げます。大韓民国臨時政府も一緒に重慶に移ります。

大韓民国臨時政府は光復《こうふく》軍という軍隊を持っていました。その実態は200人ほどの小規模の軍隊で、しかも維持費は全部、中華民国が出していました。光復軍は日本軍と戦ったこともありません。この事実は、韓国の歴史教科書にもさりげなく記述されています。

なんだかおかしな話ですよね。どう考えても、大韓民国臨時政府が正統な政府だとは思えません。ところが憲法には、大韓民国は日本の統治に反対してつくられた臨時政府を受け継いだ国だと書いてある。

まったくのフィクションですが、大韓民国臨時政府は抗日運動で日本と戦ってきたことになっているんですね。その正統な継承者として大韓民国がつくられた。

これが、韓国の建国神話です。そもそも、抗日運動で日本と戦った人たちの後継者の国、だというのです。反日の論理的ルーツは、ここにあります。この気持ち、わからないでもありません。日本と戦って独立を果たしたいという思いはずっとあった。ところが日本の敗戦によって、戦わずして国ができてしまった。

北朝鮮は、日本と戦って連戦連勝の将軍が国をつくった、と言っている。自分たちのルーツの中にも、建国神話にできるものはないかと探した結果、こういう話になったのです。

民主的な選挙で独裁政権が誕生した

大韓民国建国にあたってリーダーに選ばれたのが、李承晩《イスンマン》（p86図表②）です。

当時、日本では韓国の人たちの名前をそのまま日本語読みしていました。報道でも、教

図表②—**李承晩のプロフィール**

年	年齢	できごと	地図
1875	0	黄海道(ファンヘド)平山(ピョンサン)郡の名家に生まれる	
1894	19	アメリカ人宣教師のミッションスクールに入学。その後、独立協会の一員となり活動を始める	
1899	24	皇帝譲位の陰謀に加担したとして投獄される	
1904	29	特赦により出獄し渡米。その後ハーバード大学などで学び、プリンストン大学で博士号を取得	❶
1910	35	帰国するも、弾圧され再びアメリカへ。亡命中もワシントン、ハワイを拠点に独立運動を続ける	
1919	44	上海で大韓民国臨時政府が設立。李はワシントンに支部を設ける	
1920	45	大韓民国臨時政府大統領に推され上海入りするも、失脚しハワイへ	❷
1934	59	オーストリア人女性と結婚	
1945	70	太平洋戦争で日本が降伏。10月、韓国に戻る	❸
1948	73	アメリカ軍に支援され、韓国の初代大統領に就任	
1949	74	ライバルの金九が暗殺される	
1950	75	6月25日、朝鮮戦争勃発	
1952	77	1月、李承晩ラインを設定	
		5月、憲法改正を強行し、8月の選挙で大統領に再選	
1953	78	7月27日、朝鮮戦争休戦協定締結	
1956	81	再び憲法を改正し、大統領に3選される	
1960	85	3月の大統領選挙で4選を果たしたが、不正選挙に市民が蜂起し「4.19民主革命」へと発展。李は大統領を辞任し、ハワイへ亡命	❹
1965	90	7月19日、ハワイで死去	

写真提供:時事通信社

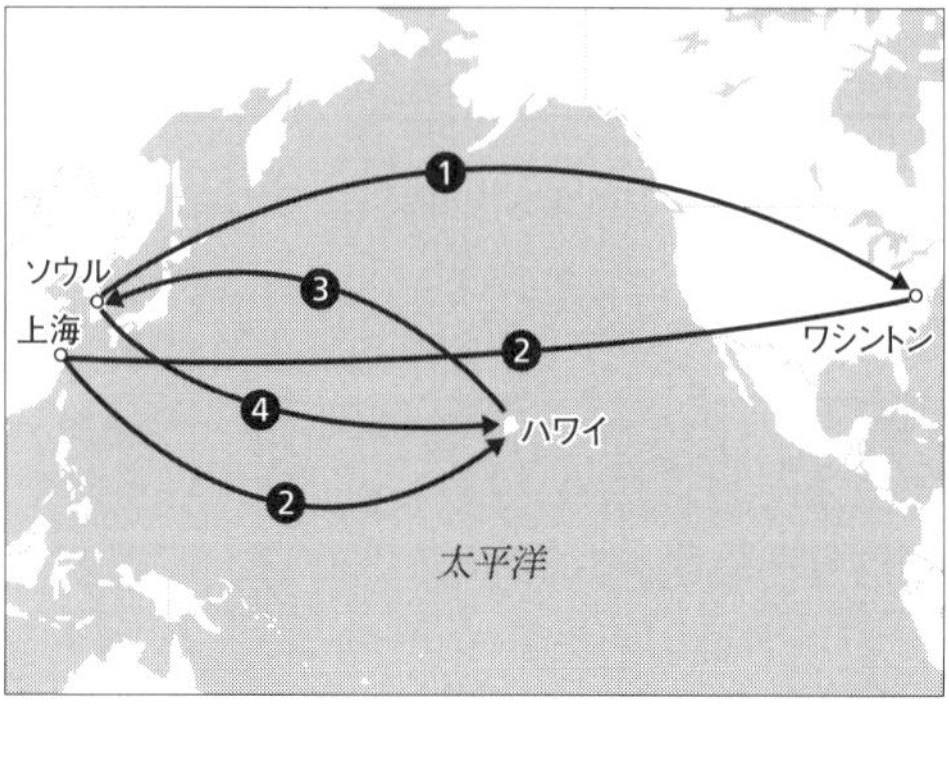

科書でもリ・ショウバンと呼んでいました。

現在は、韓国の人も北朝鮮の人も日本人の名前を日本語読みで発音しています。だから日本でも、韓国や北朝鮮の人の名前は現地の読み方のまま発音しています。互いに相手国と同じ対応をする。これを相互主義といいます。

さて、李承晩ですが、1875年生まれ。韓国併合前の大韓帝国の時代です。アメリカ人宣教師がつくったミッションスクールに入学。キリスト教徒になります。

韓国初の日刊紙の記者として活動中、皇帝を譲位させる陰謀に加担したとして逮捕され、投獄されます。

1904年、日露戦争の特赦で出獄し、アメリカに渡ります。プリンストン大学の博士号を得て帰国しますが、朝鮮半島は日本に併合されていたため再び渡米。亡命生活を送ります。

大韓民国臨時政府が上海にあった頃、臨時政府の大統領に推挙されます。ところが、李承晩には人徳がありませんでした。仲間たちとうまくやっていくことができずに、臨時政府から追い出され、アメリカに戻ります。

朝鮮半島に戻ったのは、日本が降伏したあとのこと。1945年10月でした。この時、李承晩はすでに70歳になっていました。

アメリカ軍が韓国を統治するようになり、李承晩が韓国の大統領になることをアメリカは支援しました。

李承晩はアメリカの大学に通っていた。しかもキリスト教徒です。アメリカ人と同じ民主主義的な考え方を持っているだろう。アメリカの指導者たちは、そう考えたのです。

Q 李承晩は、どのような方法で大統領になったのでしょう?

――アメリカが介入して、大統領にしたのではありませんか?

韓国は民主主義国家として誕生しました。北朝鮮のように非民主的な方法で大統領になることはできません。

アメリカの支援は受けますが、韓国では民主的な選挙が行われました。選挙で選ばれた国会議員が大統領を選ぶという間接選挙を経て、李承晩は大統領になりました。

ところが、1950年5月に行われた第2回国会議員選挙では、李承晩に反対する勢力が国会議員の多数を占めます。国会議員による大統領選挙は1952年に予定されていました。このままでは、李承晩は大統領に再選されません。

そこで、李承晩は国民による直接選挙で大統領を選ぶ方法に変更する憲法改正案をつくります。時を図ったように勃発したのが、朝鮮戦争でした。李承晩は朝鮮戦争の大混乱の中で、反対派の国会議員を次々と逮捕。憲法改正を実現します。

1952年8月に国民による大統領選挙が行われ、李承晩は圧倒的多数を獲得して再選されます。憲法では大統領の3選は禁じられていましたが、李承晩は終身大統領を目指します。「初代大統領にかぎって、3選規定を撤廃する」という憲法改正案を無理やり通してしまいます。

朝鮮戦争の真っ最中に、強行的に憲法改正を行い、長期政権への道を開いたのです。

大統領の「お友だち優先主義」が財閥をつくった

李承晩大統領の1期めの時に、金九《キムグ》暗殺事件が起こります。大韓民国臨時政府から李承晩が追い出されたあとに、トップに立っていたのが金九です。人気があり、李承晩にとって最強のライバルでした。

1949年6月、金九は自宅で射殺されます。暗殺犯として逮捕されたのは、陸軍の少尉だった安斗熙《アンドゥヒ》という人物です。

安は有罪判決を受け、刑務所に入ります。しかし朝鮮戦争のどさくさに紛れて、釈放されました。李承晩が釈放したのです。その後、安は陸軍の中でどんどん昇進していきます。

李承晩の最大のライバルを暗殺した人物が、李承晩のもとで地位を上げていく。証拠はありませんが、韓国の人たちは金九の暗殺を指示したのは、李承晩だと受け止めました。

李承晩は、もちろん金九の暗殺を否定しています。しかし、圧倒的な力を持った李承晩が独裁者としてライバルを消した。世間では、そう見られているのです。

暗殺犯である安という人物がその後どうなったのかというと、退役後も軍関係の事業を営んでいましたが、金九を崇拝していた人によって1996年に暗殺されるんですね。金九暗殺から47年後のことでした。まさに因果応報ですね。

李承晩政権のもと、アメリカは韓国の経済発展のためにさまざまな支援を行います。1945年から60年までの間に、資金や物資合わせて30億ドルもの支援を行いました。

Q 李承晩はアメリカからの支援をどう使ったと思いますか？

――公共事業など大規模な事業に投資した。

公共投資が生きるのは、国のかたちがある程度できてからですね。まだ何もない国ですから、とにかくいろんな企業をつくって、経済活動を活性化させなければなりません。

李承晩はその資金を自分の友だちに渡し、会社を興させます。支援物資も優先的に友だちの会社に売却します。ここから、今に続く韓国の政財界の癒着が始まるのです。

李承晩が「お友だち企業」を優遇したことで、韓国経済は発展していきます。この「お友だち企業」が、韓国で大きな問題になっている財閥になったのです。

三星《サムスン》、現代《ヒョンデ》、斗山《ドゥサン》、金星《キムスン》（のちにＬＧ）などです。みなさんも知っている名前があると思います。これらの財閥は、現在も韓国内で圧倒的な力を持ち、韓国経済を牛耳っています。財閥グループでなければ何もできない。今につながる韓国経済のゆがみというのは、李承晩が自分の友だちを優遇したところから始まっているのです。

さらに、李承晩政権初期に日本との間で大きな問題になったのが、１９５２年１月に韓国が一方的に制定した「李承晩ライン」（地図⑤）です。「竹島問題」が起きるきっかけにもなりました。

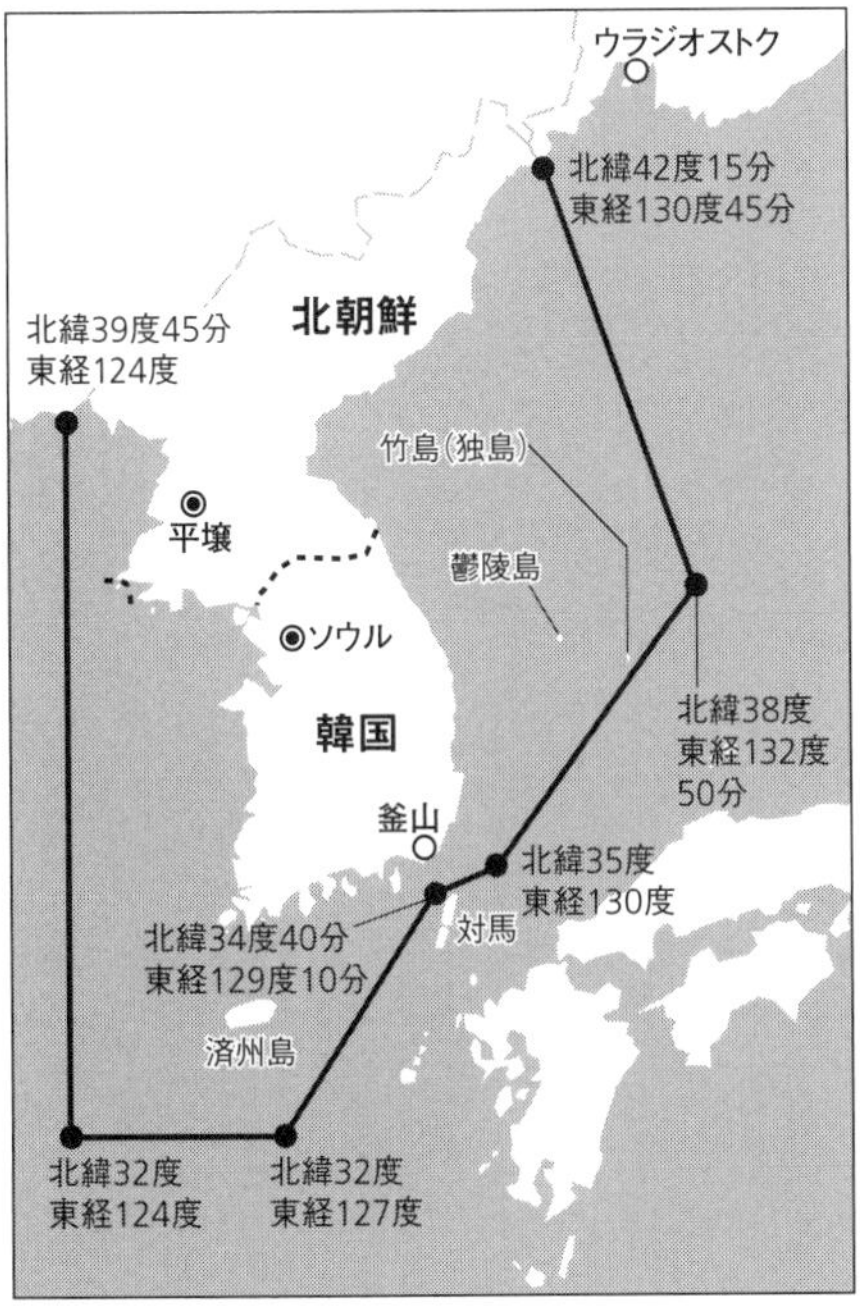

地図⑤—李承晩ライン

日本と韓国の間にある竹

島。日本では竹島と呼び、島根県の島です。しかし韓国では独島《トクト》という名前で呼んでいます。韓国の地図を見ると、日本と韓国との間の国境線は独島（竹島）の東側に引かれています。つまり、独島（竹島）は韓国の領土だと主張しているのです。

日本が連合国軍から独立を果たすのは、１９５２年4月のサンフランシスコ講和条約発効をもってです。その直前に李承晩が竹島と日本との間に「平和線」を引きます。韓国は平和線と呼びましたが、実際には軍事境界線を一方的に設定したのです。

日本はまだ連合国軍に占領されています。日本の発言権がない段階で、韓国は平和線を引き、竹島を自分たちの領海に入れて、実効支配を始めます。当時の日本は、この平和線のことを「李承晩ライン」とか「李ライン」などと呼びました。

李承晩が、韓国の領海を一方的に宣言したことによって、日本の漁船はその海域に近づくと、韓国の警備艇から銃撃を受けます。日本の漁船員が次々と韓国によって拿捕《だほ》される。銃撃を受けて、殺害されるケースもありました。

韓国が一方的に軍事境界線を設定する。国際法を無視した行為です。

Q 李承晩は、なぜこんなことをしたのでしょう？

——自分の力を国民に見せつけたかった。

そうなんです。李承晩は、国内に反対勢力が多かったと説明しましたね。日本に対して強硬姿勢であたることで、国民の支持を得ようという思惑もあったのです。

――竹島の問題を解決する方法はないのでしょうか？

ふたつの国で対立がある場合、オランダのハーグにある国際司法裁判所に訴えて、裁決してもらうという仕組みがあります。

竹島問題に関して、韓国は「李ライン」の正当性を主張して自分のものだという。日本は韓国によって不法占領されているという。それなら国際司法裁判所に判断してもらおうと、日本が提案します。

しかし韓国は、日本と韓国の間に領土問題は存在しない。これは独島であり韓国の領土である。日本が勝手に文句を言っているだけだから、国際司法裁判所にかける必要はない、と受け入れません。問題は、そのままです。

現在、竹島は韓国が実効支配しています。韓国の警備隊が常駐していて、日本の船が近づくと銃撃されます。もし韓国の実効支配に対し日本が異議を唱えなければ、国際法上は韓国のものになるのです。

日本はそういう事態にならないように、一年に一度、韓国に対して、竹島は不法に占領されている。日本に返すべきだと抗議しています。ただ、日本が抗議するたびに、韓国では大騒ぎになります。こういう国家間の駆け引きによっても、反日感情が高まっていくのです。

玉虫色の条約が結ばれた

ここからは、日本と韓国の関係について見ていきましょう。日本が朝鮮半島から出ていったあとに、韓国と北朝鮮というふたつの国ができました。しかし日本はどちらとも国交を結んでいませんでした。韓国も北朝鮮も国家として承認していなかったわけですね。

1965年6月、日本と韓国の間で国交正常化を目指し「日韓基本条約」が結ばれます。この条約には、韓国併合条約の失効や韓国政府が朝鮮半島唯一の合法政府であることなどが盛り込まれました。

一般的に条約は、それぞれの国の言葉で書かれたものが正式な文書になります。ところが「日韓基本条約」の場合、日本語と韓国語、そして英語で条約が書かれました。

Q なぜ、英語まで必要だったのか。わかりますか？

――英語は国際共通語だから、でしょうか。

実は、日本語と韓国語の条約それぞれが、自国にとって都合よく解釈できるような文章になっていたからなのです。

そこで、英語でもうひとつ基本条約をつくり、これを正式なものとしました。両国間で解釈の相違が出た時には、英語の文章をもとに交渉することにしたのです。

たとえば、１９１０年に結んだ「韓国併合条約」について、「日韓基本条約」の中ではどう表現されたのか。

「１９１０年8月以前に大日本帝国と大韓帝国との間で締結されたすべての条約及び協定は、もはや無効であることが確認される」と書かれています。この条文を、韓国は、「韓国併合条約」は国際法に違反した無効なものだと認めさせたと解釈します。

日本は新しい基本条約を結んだので、前の条約が無効になるのは当然だと解釈する。もし韓国が言うように解釈すると、日本が統治した36年間は不法統治になってしまいます。見る角度によって色が変わる、まさに玉虫色の条約ですね。

この時に、竹島も大きな問題になりました。この島をどちらの国の領土とするのか。交渉の過程で、韓国側から驚くべき発言が出ます。

こんな場所に何の役にも立たない岩があるから、両国が対立する。爆破してしまえばいい。驚きの発言ですが、もしこの時、爆破されていれば、日韓の間に竹島という棘《とげ》はなくなっていたでしょう。結局、この問題は現在も継続したままです。

さらに「日韓請求権並びに経済協力協定」(以下、請求権協定)も締結しました。そこには日韓両国及び、その国民の間の請求権、つまり「日本が朝鮮半島を統治していた時代のさまざまなものに対する請求権に関する問題は、完全かつ最終的に解決されたことになることを確認する」という趣旨の条文が書かれています。

日本としては、韓国が日本に統治されていた時代の請求をいろいろ言ってくる。それらの問題は、この条約によって「完全かつ最終的に解決した」と考えています。しかし、そうでないことは、今、あなたもご存じのとおりです。

「請求権協定」を締結する過程でも、平行線の議論が続きます。日本は朝鮮半島を占領支配していた。その責任を認めて損害賠償金を払え。韓国はそう要求し続けます。

日本は、ベトナムやインドネシア、フィリピンなど太平洋戦争で実際に攻め込んでいった国に対しては損害賠償金を払っています。しかし韓国とは一度も戦争をしていません。戦争していない国に損害賠償金を払う筋合いはない。これが日本の言い分です。

すると韓国は、大韓民国臨時政府は日本と戦争していた。その戦争に、我々が勝った。だから、賠償金を払えと主張する。国際交渉にまで、「建国神話」を持ち出してくる。

このままでは、解決の道はありません。どうやって折り合いをつけるか。そこで「賠償」

ではなく「経済協力」という表現を使いました。

日本は韓国に対し、10年間にわたり3億ドルを無償で供与する。さらに、2億ドルを低利で貸し出すことを決めました。

これを日本は、韓国の独立に対する祝い金、あるいは「経済援助」だと捉えます。一方韓国は、「賠償」という説明をしています。3億ドルの無償供与については、日本企業が韓国企業に対して資金的な支援を行うかたちを取りました。たとえば、当時の八幡製鐵《せいてつ》がポスコという韓国の製鉄会社を支援しました。

日本から見ると、損害賠償ではありません。韓国がこれから発展するための、経済協力です。しかし韓国は、これを賠償金だと捉え、そう喧伝しています。

実は「請求権協定」の中には、「この協定をめぐって何か意見の相違があった時には、再び交渉する」という項目も入っています。

完全に解決していると日本は言い、韓国は、違うと言う。意見が対立したら、もう一度交渉すると書いてある。日本は交渉に応じるべきだ。これが現在の韓国の言い分なのです。

慰安婦が問題になった

２０１１年に、ソウルの日本大使館前の歩道に１体の少女像が設置されました。第二次世界大戦時に、日本軍の慰安婦だった韓国人女性たちに対する、日本政府の対応への抗議の像です。その根底にあるのが、いわゆる慰安婦問題です。

慰安婦問題が衆目を集めるようになったのは、１９９１年のことです。韓国の女性、金《キム》学順《ハクスン》さんが「自分は元慰安婦だった」と名乗り出て、日本政府に対し謝罪と賠償を求めました。日韓両国の政府間でも、慰安婦問題が取り上げられるようになります。

「日韓基本条約」や「請求権協定」の時には、まだ慰安婦問題は明らかになっていなかった。あとになって出てきた問題だから、改めて交渉すべきだ。韓国はそう主張します。

対する日本は「日韓基本条約」や「請求権協定」の時に、解決ずみの問題だと考えています。互いの考え方は正反対です。

しかし、韓国人の慰安婦がいたことは事実です。大変つらい思いをした女性たちがいることは確かですから、その人たちに償うためのお金を払いましょうということになりました。

ただ、日本にしてみれば、国家レベルではもう解決している問題だという見解です。国家として償い金を渡すわけにはいきません。そこで、1995年に「財団法人女性のためのアジア平和国民基金」（略称アジア女性基金）を設立します。

ここで、慰安婦とはどんな女性だったのか。「アジア女性基金」の定義を紹介しましょう。「かつて戦争の時代に、一定期間日本軍の慰安所等に集められ、将兵に性的な奉仕を強いられた女性たちのこと」となっています。

1932年の第一次上海事変のあと、日本軍兵士による中国人女性へのレイプ事件が起こります。中国で反日感情が高まるのを防ぐために、慰安所を設けてそこに慰安婦を派遣しました。これが慰安婦の始まりです。

「アジア女性基金」は、民間から募金を集めて韓国側に渡しました。その金額は、48億円にのぼります。

元慰安婦の人の中でも、対応はふたつに分かれます。お金を受け取って納得する人がいる一方で、「日本の国として謝罪がなされたわけではない、不十分だ。こんなお金は受け取れない」、そういう人たちもいます。

実は歴代の総理大臣は、元慰安婦にお金を送る際に自筆で書いた謝罪の手紙をつけているんです。「アジア女性基金」設立時の村山富市《むらやまとみいち》総理大臣をはじめ、橋本龍太郎総理大臣、小泉純一郎総理大臣らは、それぞれが謝罪の手紙をつけて渡しました。

しかし、韓国の元慰安婦を支援する団体の人たちの態度は、依然として変わりません。日本は国家としてお金を払ったのではない。国家として元慰安婦一人ひとりに対する謝罪がない、と納得しません。結局、この試みは途中で挫折。「アジア女性基金」は2007年3月31日に解散します。その後も、日韓両国間に慰安婦問題は、深い遺恨を残し続けます。日本政府も解決の方法を模索します。

2015年12月28日。日韓外相会談で慰安婦問題に関する日韓合意が行われます。日本は「日韓基本条約」で国家間の話は終わっているという立場です。韓国政府や韓国の元慰安婦に直接お金を渡すことはできません。そこで韓国政府に元慰安婦の人たちを支援するための財団をつくってもらい、その財団に対し日本政府は10億円を拠出することにしました。その中から、元慰安婦の人たちに見舞金を払ってくださいというやり方です。日本としては、「日韓基本条約」の法的な解釈をひっくり返すことなく、なんとかお金を払う仕組みがないかと考えて、こういう方法を取りました。国家間の補償というのは難しいですね（図表③）。

韓国の元慰安婦のうち、7割の人はこれで納得しました。しかしまだ3割の人は納得していません。朴槿恵《パククネ》大統領と安倍晋三総理大臣の間で勝手に決めたことだ。我々の了解を

図表③—**日韓における慰安婦問題のおおまかな流れ**

1991年

8月 韓国で元慰安婦の金学順さんが、「自分は慰安婦だった」と名乗り出る。

1992年

1月 宮沢喜一総理が日韓首脳会談にて謝罪。

7月 日本政府が、慰安婦への政府の関与を認める。

1993年

8月 河野洋平官房長官が慰安婦の募集、移送、管理に強制性があったことを談話で認め、お詫びと反省を表明（河野談話）。

1995年

7月 「財団法人女性のためのアジア平和国民基金（通称アジア女性基金）を設立。民間からの寄付を集め「償い金」として元慰安婦に支給。

2007年

3月 アジア女性基金解散。

2011年

8月 韓国の憲法裁判所は、慰安婦問題について日本と交渉しないのは憲法違反であるとの判決を出す。

12月 ソウルの日本大使館前に少女像が設置される。

2015年

12月 日韓外相会議で慰安婦問題に関する合意がなされる（日韓合意）。韓国政府が慰安婦支援の財団を設立、そこに日本政府から10億円を拠出するという内容。

2018年

1月 韓国が日韓合意に関して「再交渉は求めない」としながら「日本からの10億円の基金を凍結。2015年の合意は真の解決にならない」と表明。日本が抗議。

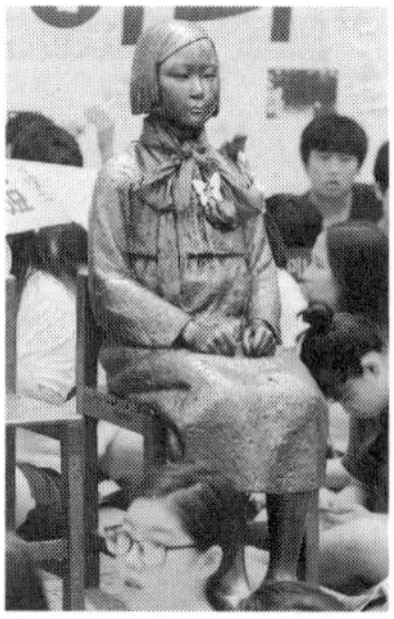

韓国の中高生に守られる
日本大使館前の少女像
写真提供：共同通信

得ていない。そもそも直接日本政府が元慰安婦に対して、償い金を払っているわけじゃない。本当に謝罪する気持ちがあれば、安倍総理大臣が韓国に来て、元慰安婦一人ひとりに直接謝罪すべきだ。それまでは決して和解することはない。

そういう強硬な姿勢をとり続ける元慰安婦の人たちとその支援者たちは、日本大使館の前の少女像をこのままずっと置き続けると言っています。

韓国が慰安婦問題にこだわる理由

――ほかにも日本に対する遺恨はあると思うのですが、韓国はなぜ慰安婦問題にこれほど強くこだわり続けるのですか？

韓国政府も「日韓基本条約」と「請求権協定」で、その他の問題は解決していることは理解しています。先ほど話したように、慰安婦問題はこの時点ではまだ議論に上がっていなかった。あとから出てきた問題だから、これを追及するというのが韓国の立場です。

では、なぜこれほどまでに強くこだわるのか？　韓国には憲法違反かどうかを審議する憲法裁判所があります。朴槿恵大統領の前の李《イ》明博《ミョンバク》大統領の時代に、慰安婦問題について日本と交渉しないのは憲法違反であるという判断が出ているんです。

韓国政府にも、これは無理筋だとわかっている人は多い。しかし、憲法裁判所が違憲だという判断を出した以上、韓国の政治家としてそれに従わなければならないのです。

――慰安婦像について日本側が抗議する理由がよくわかりません。日本にも靖国神社などの場所があるように、韓国に慰安婦の像があるのも仕方ないと思うのですが。

日本は、韓国が慰安婦像をつくることに対して文句を言っているのではないのです。日本大使館の前に設置したことに対して抗議をしているのです。

「ウィーン条約」という外交関係に関する国際条約があります。日本も韓国もこの条約を結んでいます。この中に、外国の大使館や領事館に対して、侮辱したり、威厳を損なったりするようなことはしてはいけないという取り決めがあるのです。

慰安婦像をつくること自体は問題ではないけれど、それを日本大使館の前に設置するのは「ウィーン条約」に違反する行為だ、と抗議しているのです。

韓国政府も「ウィーン条約」違反だということは承知しています。しかし少女像を撤去しようとすると、世論が反発して政府が非難を浴びる。結局は世論に負けて、撤去できない状態になっているのです。

――慰安婦問題はひどいことだと思います。でも、それは私たちが生まれるはるか前の出来事です。なぜ同じ日本人だからと、あとの時代の人が賠償しなくてはいけないのでしょうか。

当然、国民一人ひとりの気持ちの中に、そういう疑問は出てきますよね。もちろん、みなさんには、日本が朝鮮半島を統治したことに対する責任はありません。

ただし、国家として歴史への責任にどう向き合うかという問題があります。国家として、過去の責任を認めるとなれば、賠償金や見舞金を支払うということもありえます。慰安婦問題を起こした時代から何十年も経ったあとの安倍政権のもとで10億円を拠出したのは、そういう国家の姿勢を示すものなのです。そしてあの10億円は私たちの税金なのです。

みなさんに、ぜひ知っておいてほしいことがあります。過去のいろんな日本の歴史に関して、みなさんに責任はありません。しかし、日本という国に生まれ育っているものとして、日本がこれまで何をやってきたのか、その事実を知る責任はあると思うのですね。

たとえば、韓国の人たちから日本を見ると、今の日本の若者は、かつて日本が朝鮮半島を統治したことについて、ほとんど知らない。その事実に怒ります。

一般的に、被害体験は時代を超えて継承するんです。逆に加害体験は、なかなか継承されないのです。

日本でも、広島、長崎の被害体験については語り継がれているでしょう。そしてもう二度と戦争を起こしてはいけないことを学んでいます。

外国の人から見れば、日本は戦争の加害者でもあるのに、なぜそのことを知らないのだろう、と腹を立てる人もいる。

あなたがアメリカに留学すると、中国や韓国から来た留学生と一緒に議論することもあるでしょう。日中戦争の責任についてどう思うか？　慰安婦問題についてあなたはどう考えるのか？

そう問われた時に、歴史の事実を学んでいない日本の学生たちには、答えることができません。中国や韓国の学生が日本の学生を一方的に追及し、日本の学生が何も答えられない。その状況をアメリカの学生が見ていたら、どう思うでしょう。

これから海外に留学しようという人は、そういう問題に直面する可能性があるわけです。日本は何をやってきたか。歴史を学び、事実をフェアに理解することが重要なんですね。

韓国人は本当に反日なのか

――抗日運動が土台になって、韓国がつくられ、そこに反日感情が生まれるのは仕方ないことだと思います。領土問題や慰安婦問題など政治的な関係にではなく、市民レベルで人や文化のつながりを回復するために、私たちはどうしたらいいのでしょう。

すごくいい問題提起ですね。どこの世界にも、本音と建前があります。

韓国の日本大使館前で少女像を守っている大学生にインタビューした際、「日本が嫌いなの？」と聞いたら、「いやあ、日本は大好きですよ」と答えました。

本音を問うと、若者たちにかぎらず韓国の人の中には、親日派が多いことに驚きます。ところが、韓国のテレビのインタビューを受ける時はどうか。本音では親日派でも、建前としては「日本は嫌いだ。慰安婦問題を早く解決しろ」そう言わざるをえない空気があるんですね。

韓国には「昼は反日、夜は親日」という言葉があります。昼間に国と国との問題などについては、反日的な発言をする。夜、一緒に酒を飲んで食事をすると、実は日本のことが大好きだと言う。

少女像を守っている大学生に話を聞いている間、多くの通行人が私たちの前を通り過ぎていきました。ほとんどの人が、少女像には無関心でした。日本国内でも反日のニュースがよく取り上げられますが、一部の人たちの行動を切り取ったものもあるということです。それを見て韓国全体が反日だと思ってはいけないんですね。

日本の若者にも、韓国の若者にも、日韓の歴史に対する責任はありません。だからこそお互いが仲よくできるだろうと思うのです。

歴史についての知識を持っていることは大切です。しかし、過去は過去、今は今。韓国の若者の中には、そう考える人が圧倒的に多いという事実は知っておいてください。

私が教えている東京工業大学にも、韓国からの留学生がたくさんいます。もし日本のことが嫌いなら、わざわざ留学先に選ばないでしょう。

隣国の友人として、どう付き合っていくか。これからみなさんたちに考えていってほしい問題です。


――私は、在日韓国人の人も多い大久保（東京都新宿区）という街で育ちました。グローバルな環境で、国籍など関係なくみんな仲よくしていました。ところが、転校してある地方に移ると、「韓国人だから」「中国人だから」という差別的な声をよく聞くようになりました。韓国は反日だと取り上げる日本のメディアの報道姿勢にも問題があると思います。メディアについて、どうお考えでしょうか？


それは韓国のメディアも同じなんですね。韓国のテレビや新聞を見ていると、日本はだめだという論調が多いことに気づきます。

中国でも同じですね。日本は軍国主義のとんでもない国だと思っている人もいる。メディアはどうしても時間やスペースがかぎられているでしょう。その中で何をどう取り扱うか。テレビニュースだって視聴者が見てくれなければ困ります。

視聴者が反応しやすそうな題材を選ぶ傾向にあることは、ある程度仕方ないのです。それを見た視聴者が、短絡的に韓国は反日だと信じてしまう危険性は至るところにあります。だからこそみなさんには、メディア・リテラシー（情報を評価・識別する能力）を身につけてほしい。ひとつの報道を一方向から見るだけではなく、本当かな、と立ち止まって考える習慣をつけてほしいのです。

私もこの授業で、「韓国には韓国の言い分がある、日本には日本の言い分がある」ということを何度も繰り返してきました。日本にいれば日本の言い分はわかります。しかし、なぜ韓国が頑《かたく》なに日本を非難するのか。韓国側の「内在的論理」を知ることが重要なんです。韓国や中国の友人をたくさんつくって、お互いの「内在的論理」を理解してほしいし、誤解を解いてほしいと思います。

「戦争」と「性」

ここからは少し刺激が強すぎるかもしれませんが、慰安婦問題の根底にある「戦争」と「性」の問題についてお話ししようと思います。

戦場で戦う兵士たちは、いつ敵に襲われるかもしれないという恐怖を常に感じています。死と隣り合わせの極限状態になると、男性は異常に性欲がたかぶるんですね。

一瞬先には死が待っているかもしれない。そうすると、自分の遺伝子をなんとしても残したいというオスの動物としての本能が顔を出すのです。

残念ながら人類の歴史は、争いの歴史でもあります。世界各地で戦争をしてきました。どの戦争においても、男の兵士による戦時性暴力によって、多くの女性たちが犠牲になってきました。

戦時性暴力が起こらないようにするためにはどうしたらいいか。日本軍の中で、そう考える人が出てきます。そこで考えられたのが、兵士たちの性のはけ口となってくれる女性を戦地に連れて行くことです。これが慰安婦です。

日本軍は、あちこちに慰安所を設け、慰安婦の女性たちが日本の兵士たちの性のはけ口になりました。

慰安婦の大部分は日本人女性でした。最初の頃はプロの娼婦が動員されたようです。そのうち仲介者によってだまされて慰安婦となる日本の一般女性も増えてきます。戦争が拡大するにつれ、中国や台湾、そして朝鮮半島の女性も慰安婦となりました。

日本がインドネシアを占領した時には、インドネシアを植民地にしていたオランダの女性たちも慰安婦にされたという歴史もあります。

慰安婦が存在したことは事実です。

ところが日本の安倍政権は、従軍慰安婦に軍が直接関与した証拠はありませんと言っています。証拠が見つからないから、否定する。論理的ではありません。

物的証拠がないからといって、日本の責任は認めないのかと言われると、「そういうわけではありません。単に証拠がないと言っているだけです」とかわします。

1945年8月15日、日本は全面降伏したあとに大量の文書を焼き捨てています。戦争中のさまざまな犯罪が明らかになり、責任を問われることを恐れたのです。

8月15日から1週間以上、霞が関のあたりでは、文書を焼く煙が立ちのぼり続けていたという記録が残っています。

もしかすると、この時に慰安婦の証拠も焼き捨てられたのかもしれません。安倍政権の証拠がないという論には、説得力がないという問題もあるのです。

慰安婦は日本だけの問題ではない

慰安婦の問題は、日本軍にかぎったことではありません。他の国のことも気になります。アメリカ軍の兵士が行くところ、戦場には必ず慰安婦がいます。アメリカは資本主義で自由競争の国です。国家や軍は一切関与しません。戦場でお金をもらって性の相手をする。

誰がどんな商売をしようと自由です。

慰安婦問題について、アメリカ政府の責任は追及できません。黙認しているじゃないかという指摘もありますが、あくまで個人が勝手にやっていることで、軍はまったく関与していないのです。

ソ連の場合はどうか。ソ連軍の兵士が移動するところ、どこにも慰安婦は存在しません。なぜでしょう。

第二次世界大戦で、ソ連軍は、ポーランドや東ドイツ、チェコスロバキアに侵攻しました。ソ連軍の兵士たちは、この国の女性たちを次々と強姦していったんですね。それらの国はその後ソ連によって占領されます。そのため被害者は誰も声を上げることができなかったという現実があります。

しかし、ソ連の兵士たちの行いはあまりにもひどかった。現場の指揮官がスターリンに、「ソ連兵たちが女性を襲って大変な問題になっています。どうしたらいいでしょうか」と、伺いを立てます。スターリンはなんと答えたと思いますか。「ソ連軍の兵士にも娯楽が必要だ。十分楽しませてやればいいじゃないか」。恐るべき発言です。強姦が独裁者スターリンによって奨励されたのも同じです。その後も、ソ連軍の蛮行に歯止めがかかることはありませんでした。

実は、ソ連軍が旧満州に攻め込んできた時、大勢の日本人の女性が犠牲になりました。南樺太や北方領土でも、被害にあっています。日本の女性は、ソ連兵に強姦されたことは恥だと考え、一切秘密にしました。結果的に強姦の事実は、公には知られないまま現在に至っています。

戦争をすると、そういう被害が起こるのです。そしてその時、いちばんの被害者になるのは女性なのだということを、ぜひ知っておいてほしいと思います。

日本の慰安婦問題に話を戻しましょう。安倍政権は、日本軍が直接関与した証拠はないと言っていますが、日本の責任がまったくないということにはなりません。

インドネシアでは、証拠が残っています。オランダ人の女性に対して、日本軍が直接関与して慰安婦にした。その事実が残されているのです。

日本はオランダに謝罪しました。オランダの慰安婦にも、謝罪のお金を払っています。慰安婦のこともあって、第二次世界大戦後、オランダは大変な反日国でした。1971年、昭和天皇がオランダを訪問した時、昭和天皇の乗る車に生卵が投げつけられるという事件もありました。2005年に今上天皇が訪問され、「返す返す残念なこと」と発言され、以降、オランダでは反日意識が消えていったという歴史があります。

天皇の発言だけでなく、当時ひどい経験をした人たちが、戦後長く経ってほとんど死んでしまい、反日意識が継承されることがなかったこともあるでしょう。

オランダは韓国のように、戦後新たに国ができたわけではありません。わざわざ反日をアピールする必要もなかった。そういう事情も背景にあるのかもしれません。

「許そう、しかし忘れない」

日本と韓国の間では、慰安婦問題に代表される、戦争における国家の責任問題があやふやなままです。

このままでいいのかということを考えるうえでも、戦争責任に対する謝罪について、ドイツのことをお話ししておきます。ドイツには、ヒトラーという怪物を生み出し、第二次世界大戦を引き起こして、世界中を恐怖の渦に巻き込んでしまったという、大きな反省があります。戦争で被害を受けた国に対して、徹底的に謝罪をし続けてきました。

ドイツには、もちろん言論の自由があります。しかし、ナチス・ドイツを賛美したり、ユダヤ人大虐殺はなかったと発言したりすることは、法律で禁じられています。

二度とヒトラーやナチスを生み出しはしないという、国家としての固い意思表明です。ナチス・ドイツ式の敬礼をすることも禁止されています。

2017年8月、中国の観光客がドイツの連邦議会議事堂の前で、ナチス・ドイツ式の敬礼をして写真を撮っているところを警察に見つかって逮捕されるという事件もありました。ドイツのナチスに対する反省意識は徹底しています。その努力の数々は『池上彰の世界の見方　ドイツとEU』に書きましたので、ぜひ読んでみてください。謝罪と反省の姿勢によって、戦争で被害にあった周辺諸国もドイツの罪を許すようになりました。

第二次世界大戦の時、ドイツが真っ先に攻め込んだのがポーランドです。ドイツによって一時、ポーランドという国が消滅します。

ポーランドの若者に、ドイツについてどう思うかと聞いたことがあります。彼女は、こう答えました。「許そう、しかし忘れない」。これがポーランドの合言葉だそうです。ドイツはこれまで十分謝罪してきた。ポーランドは、ドイツの謝罪を受け入れて、許します。でも、過去に起きたことは決して忘れません。

加害国と被害国が良好な関係を取り戻すためには、こういう意識が必要なのでしょう。韓国や中国など被害国と日本との関係についても、「決して忘れないけど、許しましょう」と言ってもらえる。加害国である日本も、「その事実を決して忘れない」。将来的に、そういう関係がのぞましいのだろうと思います。

第4章
「金正日の国家思想」から見る北朝鮮

ソ連と中国の板挟みになった

北朝鮮の建国においては、金日成《キムイルソン》を指導者にするなど、ソ連の力が大きく関与したことを第2章で説明しました。

一方、中国は朝鮮戦争の前に、朝鮮半島出身者で構成された中国軍の部隊を北朝鮮にプレゼントします。金日成自身も一時は旧満州で中国共産党と一緒に抗日活動をしていました。北朝鮮はソ連という国によってつくられたけれど、中国の影響力もその背後にあったのですね。

第二次世界大戦が終わり、日本軍が中国大陸から出ていきます。中国大陸は、国民党軍と共産党軍による内戦状態になります。

ソ連が中国の共産党軍を支援します。大量の武器がソ連から運ばれ、共産党軍はそれによって、国民党軍と戦い、勝利しました。中国共産党によって建国された中華人民共和国は、ソ連型の国家としてスタートします。この時点ではソ連と中華人民共和国は、親密な関係にありました。朝鮮戦争では、一緒に北朝鮮を支援しました。

ところが1960年代に入ると、北朝鮮に試練が訪れます。それまで支援してくれていたソ連と中国の関係が、急激に悪化したのです。

Qどうして、中ソの関係は悪化したのだと思いますか？

――ソ連は国境を接した国が自分の言いなりになる国じゃないと不安になると習いました。中国とソ連は、国境を接しています。中国を思いどおりの国にしようとして、反発されたのではないでしょうか？

確かにあなたの考えも一理あります。中国はもともと、ソ連と同じ理想を掲げてスタートしたわけです。当然、中国とソ連は仲がよく、蜜月関係にありました。

ソ連が掲げていた理想は、全世界の社会主義化です。社会主義は一国だけでは決して成立し得ない。世界中すべてが社会主義の国になって、初めて社会主義は成功するという考え方です。しかし現実を見ると、アメリカは核開発を続けています。下手をしたら核戦争になってしまう。

世界中を社会主義にしていくには無理がある、というので、ソ連はフルシチョフの時代に、資本主義諸国とも平和共存していくんだという方針を打ち出します。このソ連の平和共存路線に中国は猛反発。世界中すべてが社会主義の国になって初めて社会主義は成立する。資本主義諸国にすり寄るソ連は裏切りものだと考えるようになります。

フルシチョフは独裁者スターリンの死後、１９５３年にソ連の最高指導者になりました。そして、スターリンがその政権下で、いかに個人崇拝を進め、多数の国民を虐殺していたかについての衝撃的な報告を出します（１９５６年）。いわゆるスターリン批判です。

これは最初、秘密報告でした。ソ連の共産党大会に招かれた友好国の共産党の人たちだけがこの報告を聞きました。その中には当然、中国共産党の幹部も含まれています。中国に帰って、毛沢東に報告しました。これに毛沢東はカチンときます。

毛沢東は個人崇拝をどんどん進めている最中でした。ソ連がスターリンの個人崇拝を批判した。これは暗に自分を批判しているのではないか、と捉えたのです。フルシチョフのスターリン批判以来、毛沢東は徐々にソ連から距離を置こうとし始めます。

さらに核開発も、中ソ対立の原因になりました。第二次世界大戦中にアメリカが原爆の開発に成功し、広島と長崎に投下します。

ソ連はアメリカにスパイを送り込み、原爆の情報を盗んで開発に取り組みます。ソ連の原爆成功のあとを追うように、中国もまた原爆を開発し、成功させます。ソ連にしてみると、ちょうど毛沢東がソ連の言うことを聞かなくなってきた時期です。中国も核開発に成功し、原爆を持つようになった。蜜月だった中ソの関係は、大きく揺らぎ始めます。

ここで中ソ関係に亀裂を入れる事件が起こります。当時は東西冷戦時代です。アメリカとソ連は敵対し、それぞれ核兵器を持ってにらみ合っていました。ところがソ連はアメリカに対し、驚くべき秘密提案をします。中国は核開発に成功したけれど、今ならまだ原爆の数は少ない。一緒になって中国の核施設を攻撃しよう。

しかし、アメリカはこの提案を拒否します。アメリカもしたたかです。この情報をうまく利用できないかと考えます。新聞社のニューヨーク・タイムズにリークしたのです。ソ連の秘密提案をすっぱ抜いたスクープ記事が掲載されました。中国は驚き、ソ連に対して大変な危機感を抱きます。

中国とソ連の関係は、急激に悪化していきます。さあ、両国の板挟みになったのが、北朝鮮です。どちらも、北朝鮮を支援してくれた恩のある国です。ソ連も中国も、自国につくように言ってきます。片方の味方につこうものなら、もう一方との関係が悪化します。

Q ソ連と中国の板挟みになって悩んだ末に、北朝鮮はどんな政策をとったでしょう?

――**今の北朝鮮から考えると、どちらにもつかず、離れずのような気がします。**

なるほど。みなさんから見ると、今の北朝鮮はそういう状態に見えるんだね。どちらにもつかないのは正解だけど、離れずではなかったんだな。

悩んだ末に北朝鮮の金日成が打ち出したのが、「主体思想《チュチェ》」（図表④）です。

我々はソ連型の国でも、中国型の国でもない。北朝鮮独自の革命でつくった国だ。それを「ウリ（我々）式」、我々の方法と呼びました。北朝鮮は、独自でやっていくという、中ソとの決別宣言です。

キューバ危機が、北朝鮮の国家思想をつくった

1965年4月、インドネシアを訪問中の金日成が演説で四つの方針を打ち出します。「政治における自主、経済における自立、国防における自衛、思想における主体」自主、自立、自衛、主体、聞こえはいいですね。そ

図表④—**「主体思想」の四つの柱**

政治における自主	ソ連にも中国にも与しない。北朝鮮は独自路線を行く。
経済における自立	ソ連のCOMECONに組み込まれることなく、北朝鮮のやり方でやる。
国防における自衛	自分のことは自分で守る。核保有やICBM開発を進める。
思想における主体	一人ひとりが物事を主体的に考えるようにする。それには金日成の正しい指導が必要。

れぞれどういうことか解説していきましょう。

「政治における自主」は、ソ連でも中国でもない。北朝鮮は我が道を行きますという意味ですね。

「経済における自立」は、「ＣＯＭＥＣＯＮ《コメコン》（経済相互援助会議）」と呼ばれるソ連式の社会主義分業体制に対する批判です。ソ連は東ヨーロッパの国々に対し、重点産業を振り分けて、一国だけでは経済が成り立たないようにしていました。東ヨーロッパの国々を自立させないように、ソ連という傘のもと、ひとつの経済圏をつくっていたのです。

北朝鮮も「ＣＯＭＥＣＯＮ」に組み込まれようとしていました。金日成は、経済も自分たちだけでやっていくと拒否したのです。

「国防における自衛」は、１９６２年に起きた「キューバ危機」が契機になっています。北朝鮮は、ソ連と中国の支援によってできた国です。東西冷戦の中で、もしアメリカと対立しても、ソ連や中国が守ってくれるだろうという思いがありました。

１９５０年に始まった朝鮮戦争では、中国とソ連が武器や兵力を援助してくれました。

では、「キューバ危機」とは何か、説明しましょう。１９５９年のキューバ革命で親米政権を倒したフィデロ・カストロは、アメリカ政府との関係悪化を受け、ソ連に接近しました。アメリカのすぐ近くに親ソ連の国ができたわけです。

東西冷戦下、ソ連とアメリカは核ミサイルを持ってにらみ合っていました。当時はアメリカとソ連の間を一気に飛ぶような長距離ミサイルはまだできていませんでした。

北朝鮮が、大陸間弾道ミサイル（ＩＣＢＭ／intercontinental ballistic missile）を開発したと言っているでしょう。北米大陸とユーラシア大陸など、大海に隔てられた大陸間を飛行するミサイルのことで、大陸間弾道弾とも呼ばれます。

具体的には、有効射程が「アメリカ合衆国本土の北東国境とソ連本土の北西国境を結ぶ最短距離である５５００キロメートル以上」で、ＩＣＢＭの射程は通常、８０００から１万キロメートル程度になります。つまり米ソが互いに両国の首都、ワシントンとモスクワを狙えるミサイルです。

５５００キロメートルに届かないものは中距離ミサイルです。北朝鮮が火星12と呼ぶミサイルは、５０００キロメートルぐらいしか届かないので、これは大陸間弾道弾ではない。火星15は、１万３０００キロメートルを超えるのではないかと言われてますから、ＩＣＢＭですね（地図⑥）。

話が脱線しました。当時のアメリカとソ連には、大陸間弾道ミサイルはありませんでした。しかし、互いに牽制するためにミサイルを配備する必要があります。

アメリカは密かにモスクワまで届く核ミサイルをトルコに配備しました。対するソ連は、キューバに目をつけます。極秘にミサイル基地の建設を始めます。アメリカの偵察機がそれを発見し、当時の大統領ジョン・F・ケネディは激怒します。

核ミサイルを積んだソ連の貨物船がキューバに近づいていきます。アメリカはキューバの周りに海軍の船を配備して、ソ連の貨物船が近づくのを阻止しようとします。

もしそこでアメリカとソ連が衝突したら何が起きるのか。一触即発、核戦争寸前の状態になりました。これが「キューバ危機」です。

私は当時小学6年生でした。日本にはアメリカ軍基地があります。もし核戦争になると、ソ連から核ミサイルが日本に

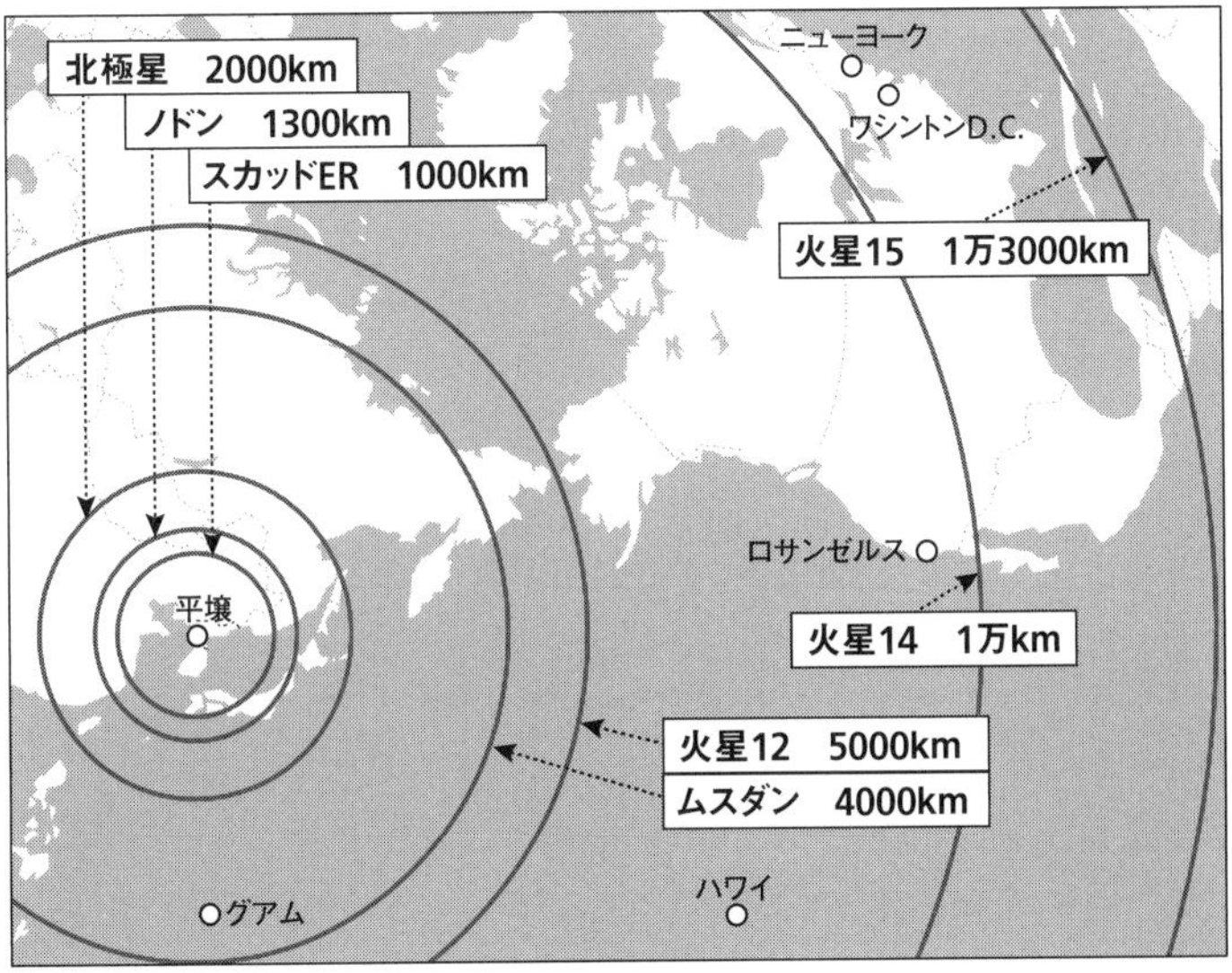

地図⑥—北朝鮮が所有するミサイルと有効射程

降ってくるかもしれない。東京は全滅するだろう。まだ12年間しか生きてないのに、人生が終わってしまうのかと、本気で心配しました。

幸いにも、核戦争は起こりませんでした。ソ連がアメリカの脅しに屈服して、ミサイルを撤去したのです。実はその裏で、「アメリカはトルコに配備した核ミサイルを持ち帰る。ソ連はキューバの核ミサイルを撤去する」という交渉が成立していたことが、あとになってわかるのですが。

ソ連はもし核戦争の危険が迫ると、自分の国が大切だと言って、周りの国を見捨てるんじゃないか。キューバの指導者カストロは、ソ連に対し失望します。北朝鮮の金日成も同じでした。ソ連は北朝鮮を守ると言うけれど、いざ核戦争になった時に守ってくれる保証はない。自分のことは自分で守るしかないと考えるようになりました。これが「国防における自衛」ということです。

北朝鮮が核開発をしたり、大陸間弾道ミサイルを開発したりするのは「キューバ危機」の時に、ソ連がアメリカに屈服した。そのことがきっかけになっているのです。

地球の反対側で起きたことが、まわりまわって現在の東アジア情勢に影響を与えている。歴史は、因果関係の積み重ねだということがよくわかります。50数年前、核戦争になるかもしれないとおびえた12歳の私は、まさか67歳になって再び核ミサイルが飛んで来たらどうなるんだろうとおびえることになるとは想像もしていませんでした。

そして、金日成の方針の最後のひとつは、「思想における主体」。人間は一人ひとりがものごとを主体的に考えなければいけないという意味です。当たり前のことです。

ところが北朝鮮では、そこに前段があるんです。一人ひとりが主体となってものごとを考えるためには、その考えが間違ってしまってはいけない。正しく考えることができるようにするためには、「正しい指導」が必要だとしています。

つまり金日成や息子の金正日《キムジョンイル》の正しい指導があって、初めて人は正しく主体的にものごとが考えられる。これが「主体思想」。とてつもなく恐るべき考え方です。

金日成が「主体思想」を提唱した時、金日成や金正日の指導ありきについては伝わらず、日本国内でも評価する声が上がります。世界の大国に影響されない、政治は自主で、経済も自立、みんな自分のことは自分でやり、ものごとを主体的に考える。素晴らしい思想だと、日本国内でも「チュチェ思想研究会」なるものも組織されました。

国民を三つの階層に分ける

北朝鮮の場合「チュチェ（主体）」は、あくまで金日成の正しい指導に基づいてものごとを考えなければいけません。そして正しい指導に基づいて、正しく人々は動かなければいけません。

「主体思想」に基づいて北朝鮮を維持するために、金日成は国民を大きく三つの階層に分けます。「核心階層」「動揺階層」「敵対階層」（図表⑤）です。それぞれをさらに細かく64の階層に分けました。その後、階層はさらに増えているといわれています。

Qなぜ北朝鮮では、国民を階層に分けたのでしょう？

――税金を取りやすくするためでしょうか。

そうではないんですね。簡単に言えば、国家に対して反抗する可能性のある人を遠ざけておくための仕組みなのです。

最上位は「核心階層」です。北朝鮮建国の時に金日成と一緒になって行動した人、日本によって朝鮮半島が統治されていた時代に貧しかった農民や労働者たち、そして朝鮮戦争を戦って負傷した人や、戦死した人の遺族たちです。こういう人たちがまさに北朝鮮を支える核心である。言い換えれば、政権に対して忠実な人たちです。

中位の「動揺階層」は、独立前の朝鮮半島で中小企業を経営していた人や豊かな農家の人、朝鮮戦争中に韓国に逃げた人の家族などです。いわゆるインテリもここに含まれます。

こういう人々は、体制に忠誠を誓っていても必ずしも信用できないというわけです。

「帰国事業」で日本から帰ってきた人も「動揺階層」に含まれます。日本で育った人には資本主義的な発想があるに違いない。最後の最後に裏切るかもしれないと考えます。

下位に位置するのが「敵対階層」です。日本統治時代に日本に協力をしていた人たちや役人、警察官だったものたちとその子孫。さらに大地主や大企業の社長などです。「敵対階層」は要注意人物として、特別な監視対象になります。

今その人がどういう環境にあるかで

図表⑤―**北朝鮮の階級**

三つに大別され、それぞれ家族や子孫を含む。

成分	該当者	待遇など
核心階層（全体の約25%）	抗日運動、建国において金日成とともに戦った人たち。朝鮮戦争中またはそれ以前に韓国と戦った人たち、栄誉軍人（朝鮮戦争で戦死または負傷した人たち）。日本統治時代の貧しい農民、労働者。建国後の行政事務職員、朝鮮労働党のメンバーなど。	平壌での生活、住居、配給、医療、大学入学、就職、昇進などさまざまな面で優遇される。
動揺階層（全体の約55%）	日本統治時代の少規模の商店主、工場主、職人、中小規模の貿易商、中規模農家、知識人、地元有力者。韓国出身者、韓国に亡命した者の家族、日本、中国からの帰還者。政治犯やスパイ、逮捕、投獄された者。民族資本家、不道徳な者、水商売従事者、儒家、迷信信仰者など。	〈監視対象〉満足な待遇は得られない。わずかに昇進の見込みあり。
敵対階層（全体の約20%）	日本統治時代の裕福な農家、商人、日本・アメリカと取引した実業家、地主。日本に協力した役人、警官。親日・親米の者、反動官僚、韓国からの亡命者。仏教徒、キリスト教徒、反党・反革命分子など。	〈特別監視対象〉僻地への強制移住、配給停止、昇進なし。

職業

出典：The Committee for Human Rights in North Korea, Marked for life : Songbun North Korea's Social Classification System

はなく、祖父母の時代にどんな考えを持っていたかが問われ、分類されるわけですね。

北朝鮮の首都平壌に住むことが許されるのは、「核心階層」だけです。食料も、配給物資もちゃんともらえます。平壌にいるかぎり、飢えることはありません。

ところが、「敵対階層」が暮らす田舎の農村では、配給が途絶えて飢え死にする人も出ます。「敵対階層」の子孫は死んでもかまわないと考えているわけですね。「核心階層」さえ生き残れば、我が国は大丈夫。そういう発想で、国民を階層に分けているのです。

平壌に暮らす「核心階層」でも、政府の批判をしたり、党幹部からにらまれたりすると、すぐに平壌から追い出されます。追い出された途端、家族全員が路頭に迷います。

——インテリや知識人は「動揺階層」に分類されています。平壌には、そういう知識人はいないのですか？

三つの階層に分類されたのは、あくまで先祖がどうだったかということなんです。インテリの子孫は「動揺階層」に入れられ、地方に追いやられました。

「核心階層」は、祖父母や両親は貧しい農民や労働者だったかもしれないけれど、平壌に住んで、自分の子どもたちは金日成総合大学や平壌外国語大学などでエリート教育を受けることができます。その中から、インテリや知識人はたくさん生まれています。ただし、彼らは、金日成や金正日が唯一正しいものだと、徹底的に教え込まれたエリート層だということです。

――北朝鮮では、どんなものが配給されているのですか?

北朝鮮の人たちも、働いていて給料をもらっています。その給料でいろんなものを買うことができる。配給されるのは、生きていくための最低限の物資です。お米や油、日用品などですね。

――都市部でも農村部でも同じですか?

配給があるのは、都市部だけです。以前は農村部でも配給がありました。今では、経済がすっかりおかしくなってしまったので、配給が途絶えているといわれています。

そのかわり、闇市《やみいち》がずいぶん広がっています。闇市というのは、売り手と買い手が自由に値段を交渉するマーケット。要するに、資本主義なんです。

北朝鮮において闇市は一切禁止されていました。あくまで政府が配給するもので生活をするのが基本でした。しかし配給が維持できなくなると、闇市が広がります。最初は取り締まっていました。でも、取り締まりが追いつかない。今は闇市をやっていても黙認するという状態なんです。その結果、闇市でいろんなものが取り引きされるようになり、北朝鮮の人々の暮らしぶりが昔より少しよくなったといわれています。

北朝鮮には、2度渡航したことがあります。6年ほど前の2回めの訪朝時には軍事境界線近くの開城《ケソン》まで行きました。その昔、高麗《こうらい》の王都だったところで、日本でいうと京都のような古い町です。

北朝鮮は電力不足です。それでも、平壌では夜になるとぼんやりと街灯が灯ります。家庭でも裸電球くらいは使えます。

ところが開城では、夕食を終えるとすぐに部屋に戻らないといけません。夜8時になると電気が消えて町中真っ暗になってしまいます。星空がそれはきれいでした。

夜になると停電するという情報を知っていたので、電池で灯るランタンを用意して行きました。夜トイレに行く時は、ランタンの光だけが頼りです。田舎に行くと、何もない。生きていくのが大変だということがわかります。北朝鮮としては、そういうところは外国の人に見られたくない。だから旅行者には平壌だけしか見せないのです。

このあと登場しますが、金日成の息子の金正日は、映画が大好きでした。映画好きが高じて、韓国の映画監督とその妻である女優を香港で拉致《らち》。北朝鮮まで連れてきて、映画をつくらせたこともあります。

そういうこともあって、平壌の街は映画のセットみたいと揶揄《やゆ》されます。表向きには高層ビルが建ち並ぶ都会です(写真⑤)。いったん裏に回ると壁もちゃんと塗っていなかったり、映画のセットで使う絵で描いた街並みだったりに近いような景色を目にします。

——平壌にいると、一応いろんな情報を得ることができると思いますが、電気もないような農村の人はどうやって情報を得ているのですか。

農村にもラジオはあります。北朝鮮のラジオは、電源のスイッチとボリュームだけ。周波数を調整する装置がありません。なぜなら北朝鮮の公式のラジオ放送しか受信できないようにしているのです。農村の人たちも、政府の方針をラジオで聞いています。

もし韓国の放送が聞けるようなラジオを持っていると、スパイと疑われて逮捕されます。最近は中国から観光客がたくさん来ています。そこから、中国のラジオを密かに手に入れてこっそり聞いている人もいるといわれています。

写真⑤—平壌の高層ビル群｜写真提供：共同通信社
画面手前は新しい高層住宅アパートの竣工を祝う市民。

北朝鮮の人も、韓国や中国などの様子をある程度知っているのではないかと推測されますが、実際はよくわかりません。

北朝鮮の工作員が、韓国大統領の暗殺を計画した

金日成の死後、後継者となったのが息子の金正日です。1997年に朝鮮労働党書記長に就任すると「先軍政治《せんぐん》」というスローガンを掲げます。文字どおり、すべてにおいて軍が優先する。あらゆる資源は軍に集中しようという考え方です。

Q 金正日は、なぜ国家の中心に軍を据えようとしたのでしょう？

——北朝鮮は、武力による朝鮮半島の統一を目指しているからです。

ほぼ正解ですね。金正日は、韓国軍とその背後にいるアメリカ軍を警戒していたのです。もうひとつ理由があります。1989年6月に起きた中国の天安門《てんあんもん》事件と同年12月に起きたルーマニアの政権崩壊です。

天安門事件では、民主化を求める学生や若者たちを中国の人民解放軍が蹴散らしました。強い軍隊があれば、もし人民が反乱を起こしても簡単に弾圧できます。

ルーマニアでは、独裁者チャウシェスク大統領が、民主化を求める市民とそれに同調した軍隊によって処刑されました。

金正日はこのふたつの事件を教訓として、軍隊を掌握することこそ権力を維持する最良の策だと考えたのです。「北朝鮮は要塞国家である。国家全体を要塞にし、全人民が武装し、ハリネズミのようになって、アメリカや韓国からの侵略に備える」——これが金正日の目指す北朝鮮の姿でした。

北朝鮮では金日成の時代から、韓国国内でテロを起こし、朝鮮半島を統一しようと考え、多くの工作員を韓国に送り込んでいます。

中でも有名なのが、１９６８年の「青瓦台《チョンワデ》襲撃未遂事件」です。青瓦台は韓国の大統領官邸。文字どおり、青い瓦屋根の建物です。

ソウルの近郊の山の中を韓国軍の兵士たちが行進していました。この軍隊は北朝鮮の特殊部隊でした。韓国軍兵士を装って大統領官邸を襲撃し、大統領を暗殺しろという命令を受けていたのです。その時の韓国の大統領は、朴正熙《パクチョンヒ》でした。もしこの作戦が成功すれば、韓国軍兵士が革命を起こし、大統領を殺害したことになる。韓国は大混乱に陥ります。

北朝鮮では、韓国はアメリカの植民地状態で、非常に貧しい国だと教えています。お前たちが大統領を暗殺すれば、貧しい生活に不満を持っている韓国の人々は必ず一緒に革命を起こしてくれる。そういう指示を受けていました。

ところがソウルの町に近づくと、ネオンサインがこうこうと輝き、夜空まで明るく染まっている。見たこともないような光まばゆい街が目の前に近づいてきました。

韓国軍兵士に偽装した北朝鮮の特殊部隊の兵士たちは、動揺します。ソウルは電気もなく、貧しい生活をしているはずだ。あそこに見えるのは、なんだろう。不安になって、たまたま通りかかった住民に、「ソウルはどっちの方角だ?」と聞いたのです。

聞かれた側は驚きます。日の前にある街がソウルです。韓国軍の兵士がソウルを知らないはずはない。この軍隊は怪しいと感じます。韓国軍の兵士の格好をした怪しい奴らがソウルに向かっていると、警察に通報しました。

大統領官邸である青瓦台に、韓国軍の制服を着た兵士たちがやってきました。警備していた警察署長が、「おまえたち、何しに来たのだ」と問いかけます。

自分たちの正体がばれていたことを悟った兵士たちは、警察署長を射殺し、警備していた警察官に対しても発砲します。

本物の韓国軍兵士も駆けつけて、大統領官邸前で大銃撃戦が起きました。

北朝鮮の工作員31人のうち28人はその場で射殺されましたが、2名が逃走します。逃走中にひとりが負傷して捕まり、北朝鮮の工作部隊であることを自供しました。

韓国側にも68人の犠牲者が出ました。これが「青瓦台襲撃未遂事件」です。北朝鮮は、「韓国軍の兵士によるクーデターである」と一切関わりを否定しています。

次に大きなニュースになったのは1983年に起こった「ラングーン事件」。ビルマ訪問中の韓国大統領全斗煥《チョンドゥファン》の暗殺未遂事件です。

ラングーンは当時のビルマの首都でした。ビルマはイギリス統治時代からの呼称で、現在のミャンマーです。ラングーンもヤンゴンと名前が変わり、首都は国の真ん中にあるネピドーに移っています。

ビルマでは国賓《こくひん》が来訪すると、アウン・サン廟《びょう》に参拝することになっていました。アウン・サン廟とは、ビルマ建国の父アウン・サン将軍のお墓です。

現在ミャンマーで指導的立場にあるアウン・サン・スー・チーさんの父親です。イギリスからの独立に尽力しますが、ビルマの建国直前にライバルに暗殺された悲劇の将軍です。

北朝鮮の工作員は、全斗煥大統領暗殺の命を受けてアウン・サン廟に爆弾を仕掛けます。全斗煥大統領が到着したら、爆弾を爆発させる手はずでした。

ところが全斗煥大統領の到着が遅れます。アウン・サン廟では、ビルマの軍の軍楽隊が歓迎の演奏をするために待機していました。大統領の到着が遅れるという報告を受けた軍楽隊は、演奏のリハーサルを行います。

起爆装置を持って、近くに潜んでいた北朝鮮の工作員たちは、そんな事情を知りません。大統領歓迎の演奏が始まったので、大統領が到着したと勘違いして爆弾を爆発させました。全斗煥大統領は無事でしたが、ビルマの閣僚や政府関係者、韓国の閣僚合わせて21人が爆死、47人が負傷します。これが「ラングーン事件」です。

事件後のビルマと北朝鮮の関係を話しておきましょう。ビルマは、北朝鮮と仲のいい国でしたが、この事件を契機に北朝鮮と国交を断絶しました。

Q ところが現在は国交を回復して、また関係がよくなっています。なぜでしょう。

――アウン・サン・スー・チーさんが政権に復活したからではないでしょうか。

スー・チーさんが復権するずっと前に、国交は回復されているんですね。

ミャンマーは軍事独裁政権です。世界的に孤立しています。自分たちも核兵器を持ちたいと考えていました。北朝鮮の核技術を導入できないかと考え、国交を正常化したという歴史があります。

――ミャンマーも核兵器を持っているのですか?

核開発をしようと取り組んだのですが、自分たちにはとても無理だということがわかります。現在では核開発は行っていません。

――「青瓦台襲撃未遂事件」など、北朝鮮の攻撃に対して韓国は何も報復はしないのですか？

当然、国内では大問題になります。韓国政府は、国際社会に北朝鮮の行為を訴えることはしていますが、現在まで耐え忍んできたのです。

日本人の拉致問題がクローズアップされた

私たち日本にも大きな影響を与えた北朝鮮のテロ事件が、1987年発生した「大韓航空機爆破事件」です。

実は、大韓航空機事件には撃墜事件と爆破事件のふたつがあります。「大韓航空機撃墜事件」は、1983年ロサンゼルスからソウルに飛行中の大韓航空機が進路をはずれてソ連の領空内に入り、ソ連軍の戦闘機によって撃墜された事件です。

北朝鮮が関わっているのは「大韓航空機爆破事件」です。韓国では1988年にソウルオリンピックの開催が予定されていました。オリンピックは韓国を世界にアピールする最高の機会です。

金正日は韓国に注目が集まることを、苦々しく思います。ソウルオリンピックの開催をなんとか妨害できないか。そこで韓国に渡航するのは危険だという国際世論をつくるために、工作員に大韓航空機の爆破を命令しました。

１９８７年11月29日、日本人の父娘を装ったふたりの北朝鮮の工作員が、イラクのバグダッド発ソウル行きの大韓航空機に乗り込みます。

工作員は機内に爆弾を仕掛けたトランジスタラジオを持ち込みます。それを座席の上の物入れにセットして、経由地のアブダビで飛行機を降りました。飛行機はそのままソウルに向かい、ミャンマーの西側にあるアンダマン海上空で爆発します。

突然、機体が空中で爆発した。明らかにテロです。犯人捜しの捜査が始まります。怪しいのは経由地のアブダビで降りた乗客です。降機した15人の中に日本のパスポートを持った不審な男女の乗客がいました。

彼らは、アブダビからすぐにバーレーンへと飛んでいることがわかります。バーレーンの日本大使館員が、日本のパスポートを持ったふたりを追跡します。バーレーンの空港でローマ行きの便に乗り換えようとしていたところを発見。逮捕してバーレーンの警察と一緒に事情を聞こうとします。

父親役の男性は、歯の中に仕込んでいた青酸カリ入りのカプセルを取り出して、その場で噛んで即死します。隣の若い女性も同じように、カプセルを取り出しました。バーレーンの警察官は、女性の口に手を突っ込んで青酸カリ入りのカプセルを吐き出させます。女性は自殺に失敗しました。

その女性は蜂谷真由美《はちやまゆみ》という名前が書かれた日本のパスポートを持っていました。当時、私はNHKの社会部に在籍していたので、事件の詳細をよく覚えています。蜂谷真由美名義のパスポート番号が照会されます。すると、日本に実在する男性のパスポートの番号と一致したんですね。これで偽造パスポートだと判明しました。蜂谷真由美と名乗る女性は、韓国に移送され取り調べを受けます。それでも自分は日本人だと言い張ります。しかも、流暢《りゅうちょう》な日本語で語ります。北朝鮮の訓練された工作員です。並大抵のことでは自供しません。

ところが、韓国は北朝鮮の工作員を自供させる、いい方法を知っています。韓国の警察は何をしたのか。ソウルの夜景を見せたのです。

――訓練された工作員なのに、なぜ夜景を見ると自供するのですか。不思議です。

確かにそうだね。日本にいるとちょっと考えづらいことなんですが、先ほど話した青瓦台襲撃が失敗に終わった原因も、ソウルの夜景だったでしょう。

北朝鮮では、韓国は非常に遅れた貧しい国だと教わります。北朝鮮の工作員は、実際のソウルの街を見たことはありません。写真でも見せたら、韓国が北朝鮮よりはるかに発展していることがばれてしまいますからね。

特にソウルの夜景は、東京よりもさらにまばゆい。北朝鮮の平壌はほとんど真っ暗です。ソウルの夜景を見た瞬間、自分たち北朝鮮の国民は、金正日や朝鮮労働党にだまされていたことに気づきます。

蜂谷真由美と名乗っていた女性は、北朝鮮の工作員金賢姫《キムヒョンヒ》（写真⑥）だと自供しました。金賢姫は平壌外国語大学日本語学科を卒業していました。大学の日本語学科を卒業したといっても北朝鮮の大学です。なぜ、そんなに流暢な日本語が喋れるのか？

金賢姫は「李恩恵《リウネ》という人から日本語を習いました」と答えます。彼女は、李恩恵という朝鮮名を持っているけれど、東京に住んでいた。息子を東京に残したまま北朝鮮にやって来た。息子に会いたいと言って、時々泣いていた。金賢姫はそう語りました。

さあ、日本国内で大問題になります。息子を残したまま北朝鮮に渡った女性が

写真⑥—金賢姫｜写真提供：共同通信社
1990年に韓国で死刑判決が確定したが、盧泰愚大統領によって特赦された。

いる。該当者がいるのかと調べたら、それは田口八重子さんではないかと判明します。

ここから北朝鮮の日本人拉致問題が大きくクローズアップされることになります。日本人が北朝鮮に拉致されているという噂は以前からありました。日本海沿岸の各地で多くの人が行方不明になっていたのです。

当時は行方不明、で終わっていたのですが、金賢姫の自供により、点在していた行方不明者の事件が一挙に線としてつながりました。北朝鮮の工作員に日本語を教える要員として、日本人が拉致されていたことが判明します（p142図表⑥）。

捕まった北朝鮮の工作員が自殺する理由

北朝鮮は拉致問題に関して一切認めませんでした。韓国が、蜂谷真由美なる女をでっち上げたのだと言います。金賢姫とは、決して呼びません。平壌には金賢姫の同級生がたくさんいるでしょう。金賢姫と呼んだ途端に、ウソがばれてしまうからです。

金賢姫とはどんな女性だったのか。工作員になるくらいですから、超エリートです。父親は北朝鮮のアンゴラ大使館に勤務していました。北朝鮮の工作員は、「失敗したら必ず自殺しろ」と教えられています。自殺をすれば自供することができません。

図表⑥―**日本政府認定の17人の拉致被害者** ｜出典：政府 拉致問題対策本部（図表、地図とも）

	発生日	被害者名	年齢（当時）性別	発生場所	状況と北朝鮮の見解	地図
1	1977年9月19日	久米 裕さん	52歳男性	石川県	入境を否定	❶
2	1977年10月21日	松本京子さん	29歳女性	鳥取県	入境を否定	❷
3	1977年11月15日	横田めぐみさん	13歳女性	新潟県	「自殺」と主張	❸
4	1978年6月頃	田中 実さん	28歳男性	兵庫県	入境を否定	❹
5	1978年6月頃	田口八重子さん	22歳女性	不明	「交通事故で死亡」と主張	❺
6	1978年7月7日	地村保志さん	23歳男性	福井県	2002年10月帰国	❻
7		地村富貴恵さん	23歳女性			
8	1978年7月31日	蓮池 薫さん	20歳男性	新潟県	2002年10月帰国	❼
9		蓮池祐木子さん	22歳女性			
10	1978年8月12日	市川修一さん	23歳男性	鹿児島県	「心臓麻痺で死亡（市川さんは海水浴中）」と主張	❽
11		増元るみ子さん	24歳女性			
12	1978年8月12日	曽我ひとみさん	19歳女性	新潟県	2002年10月帰国	❾
13		曽我ミヨシさん	46歳女性		入境を否定	
14	1980年5月頃	石岡 亨さん	22歳男性	欧州	「ガス事故で死亡」と主張	❿
15		松木 薫さん	26歳男性		「交通事故で死亡」と主張	
16	1980年6月中旬	原 敕晁さん	43歳男性	宮崎県	「肝硬変」で死亡と主張	⓫
17	1983年7月頃	有本恵子さん	23歳女性	欧州	「ガス事故で死亡」と主張	⓬

□帰国　□北朝鮮が死亡と主張　▩北朝鮮が入境を否定

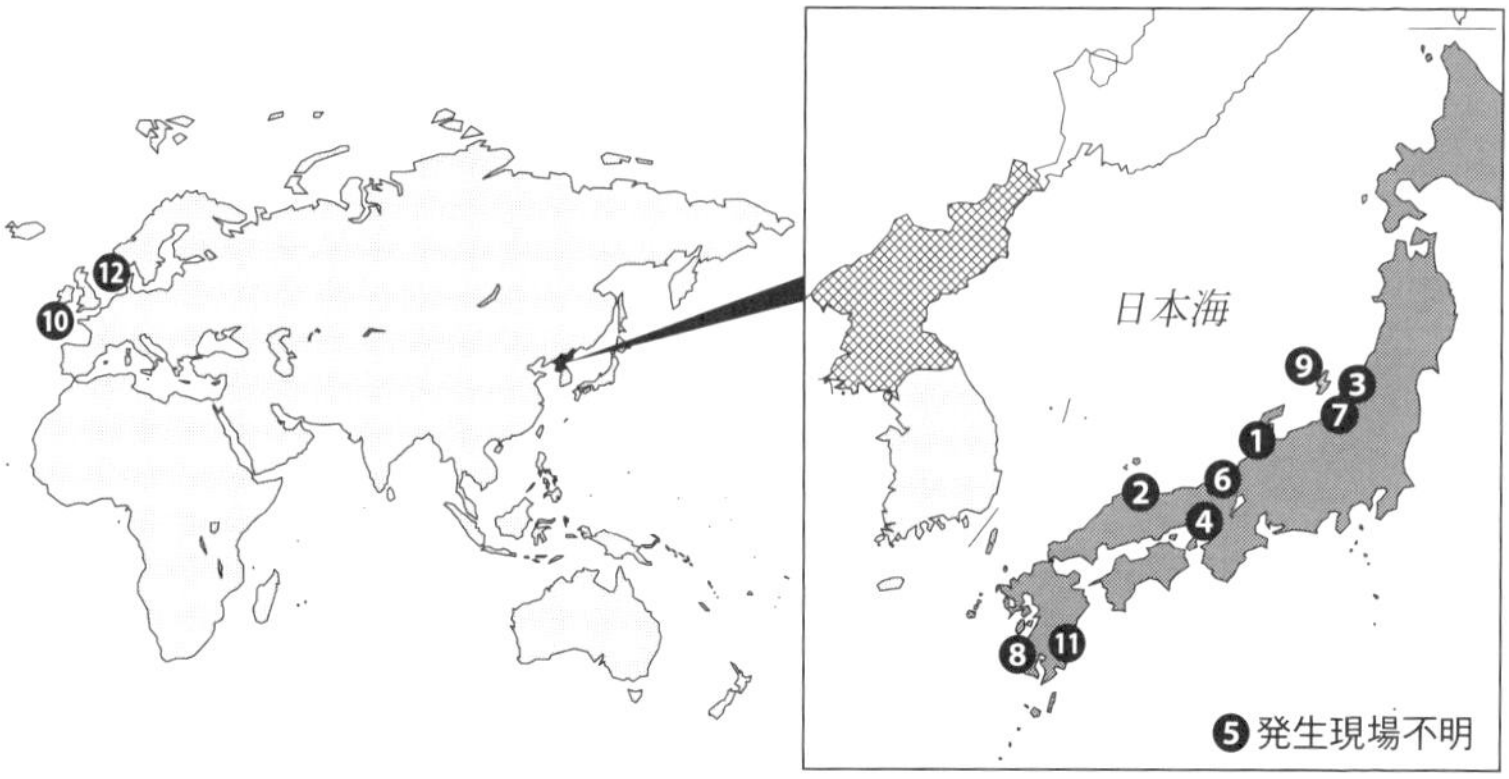

もし金賢姫が自殺していれば、日本人の女性が大韓航空機を爆破したことになります。日韓関係も悪くなるし、一石二鳥だと考えていたのでしょう。工作に失敗して捕まってしまうと、北朝鮮にいる家族が処刑されてしまいます。金賢姫が捕まって、自分は北朝鮮の工作員ですと自供した途端、父親は本国に召還され、それきり消息を絶ちました。

Q 北朝鮮が工作員の家族まで処刑する理由は、なんでしょう？

――家族によって工作員の存在が明らかになるのを防ぐため。

いい発想ですが、視点が逆なんです。もし国外で任務を遂行する工作員が、裏切って海外に亡命したら大変なことになります。そこで、失敗したり逃げたりしたら、家族の命はないぞ、というわけです。工作員は、家族を人質に取られているようなものなのです。

そのことがよくわかる事件があります。１９９６年、江陵で起きた「潜水艦座礁事件」です。江陵は、平昌オリンピックでスケート競技の会場となった港町です。

１９９６年９月13日、北朝鮮は韓国に送り込んだ工作員を回収するため潜水艦を江陵に向かわせます。ところが、海岸に近づきすぎて、座礁してしまいます。北朝鮮の潜水艦が座礁して、身動きがとれなくなった。潜水艦の乗組員の任務は失敗です。北朝鮮では、任務に失敗したら自殺しなければなりません。

北朝鮮の潜水艦には、操縦する乗組員が11人、訓練を受けた特殊部隊員が15人乗っていました。操縦するための乗組員は戦闘要員ではありません。韓国軍との銃撃戦になった時には足手まといになります。乗組員11人の中のひとりの将校が、残りの10人を並べてひとりずつ順番に銃で頭を撃っていきました。

10人の乗組員は、逃げることなく銃殺される順番を待っていました。ここで逃げて捕まったら、本国に残してきた自分の家族が処刑されます。自分さえ犠牲になれば、家族を助けることができます。

ずらりと並んだ10人を順番に銃殺した将校は、最後に自分で頭を撃って死にました。その時の写真を見ました。11人が見事に並んで死んでいました。

特殊部隊15人には十分な戦闘能力があります。銃を持って、北に向かって逃げました。江陵沖で座礁している潜水艦を、通りかかった韓国の人が見つけ、警察に届けます。すぐに山狩りが始まりました。大勢の警察や韓国軍が、逃走した北朝鮮の兵士を追いかけます。15人のうち13人は、韓国軍の兵士によって射殺されました。ひとりは北朝鮮まで逃げきったといわれています。もうひとりの兵士が捕まりました。それによって、この事件の全容が明らかになったのです。

その兵士は山の中を逃げました。のどが渇いたものですから、農家に寄って水を飲ませてくださいと頼みます。

――**韓国の領内ですよね。北朝鮮の兵士は危険だと思わなかったのでしょうか？**

そのとおりです。普通なら農家といえども敵国です。用心するはずです。当然その農家も北朝鮮の兵士が逃げていることは知っていました。

彼はなぜ、無防備に農家に立ち寄ったのか。貧しい北朝鮮では、各家庭に電話なんかありません。自分の常識で考えたら、韓国のこんな田舎の農家に電話なんてあるわけがない。もし怪しまれたとしても、農家の人が警察に連絡するまでは十分時間がある。間違いなく逃げおおせると考えたのです。

当然農家の人は、警察に電話をします。その兵士はすぐに捕まってしまいました。

その潜水艦は今も江陵に展示されていて、中を見ることもできます。

――**「核心階層」の人々で、エリートになればなるほど、テロとかの工作員やスパイに任命される可能性が高くなるのですか？**

必ずしもそうではありません。テロリストとかスパイの能力がある人が選抜されます。「核心階層」のエリートは、基本的には国を支える高級官僚になっていきます。

――**テロリストや工作員になると、死への危険性とかも出てきます。選ばれた「核心階層」の人々は、普段どのような気持ちで過ごしているのでしょうか？**

「核心階層」の人たちはみな、この国を支えるのは我々だというエリート意識を持っているのでしょう。私たちから見れば、北朝鮮はひどい国だと思いますが、そこで生まれ育った人には、北朝鮮に対する愛国心があります。北朝鮮をもっとよい国にしよう。そのために貢献しよう、と思っています。

私が北朝鮮へ取材に行った時、私の案内人は平壌外国語大学の日本語学科に通っていました。なぜ、日本語を選んだのかと聞いたら、成績が悪くていちばん人気のある英語学科に入れなかった。仕方なく日本語学科を選択したのだと言っていました。

英語ができれば、世界各地の北朝鮮の大使館に勤務できる可能性がある。でも、日本語要員だと、相手は日本だけ。しかも国交を結んでいないので、日本に行くことはできません。北朝鮮に来た日本人の応対くらいしか仕事がないので、人気がないのですね。

――外交官は「核心階層」から選ばれると思いますが、海外駐在してさまざまな情報を得ると、やっぱり北朝鮮はおかしいと思うようになるかもしれません。それでも、帰国後は「核心階層」に戻れるのですか?

戻れます。帰国して外国はこうだなんて言った瞬間、自分と家族がどうなるかわかっています。日本だと、外交官になると家族みんなで行くでしょう。北朝鮮は原則、単身赴任です。家族は必ず人質として、平壌に残っている。江戸時代の参勤交代と同じですね。

北朝鮮から逃げ出すことを「脱北」といいます。外交官が脱北することはほとんどありません。もし駐在先で自分が逃げたりすれば、家族は殺されたり、強制収容所に入れられたりして、死ぬまで強制労働をさせられる。家族が心配で逃げることはできません。

北朝鮮は、韓国に向けてトンネルを掘った

現在、朝鮮戦争は休戦中で、韓国と北朝鮮の間には軍事境界線が設けられています。二度と両国軍が衝突しないように、その南北2キロずつは非武装地帯になっています。ところが北朝鮮では、朝鮮戦争が再開された時に備えて南侵トンネル、つまり韓国側へ侵攻するためのトンネルを掘っているんですね。これまでに4本発見されています（p148地図⑦）。

第1のトンネルは、ソウルのすぐ近くで発見されました。浅く掘ってしまったため、工事の途中で落盤事故が起きて、ばれました。

第2のトンネルはものすごく深いところを掘っています。私もついこの間、実際に見てきました。落盤事故が起きないように、かなり深く掘られていました。ところが、地盤が非常に固く、簡単には掘ることができない。そこで、ダイナマイトで爆破しながら、少し

地図⑦—**これまでに発見されたトンネル**（公表分のみ）

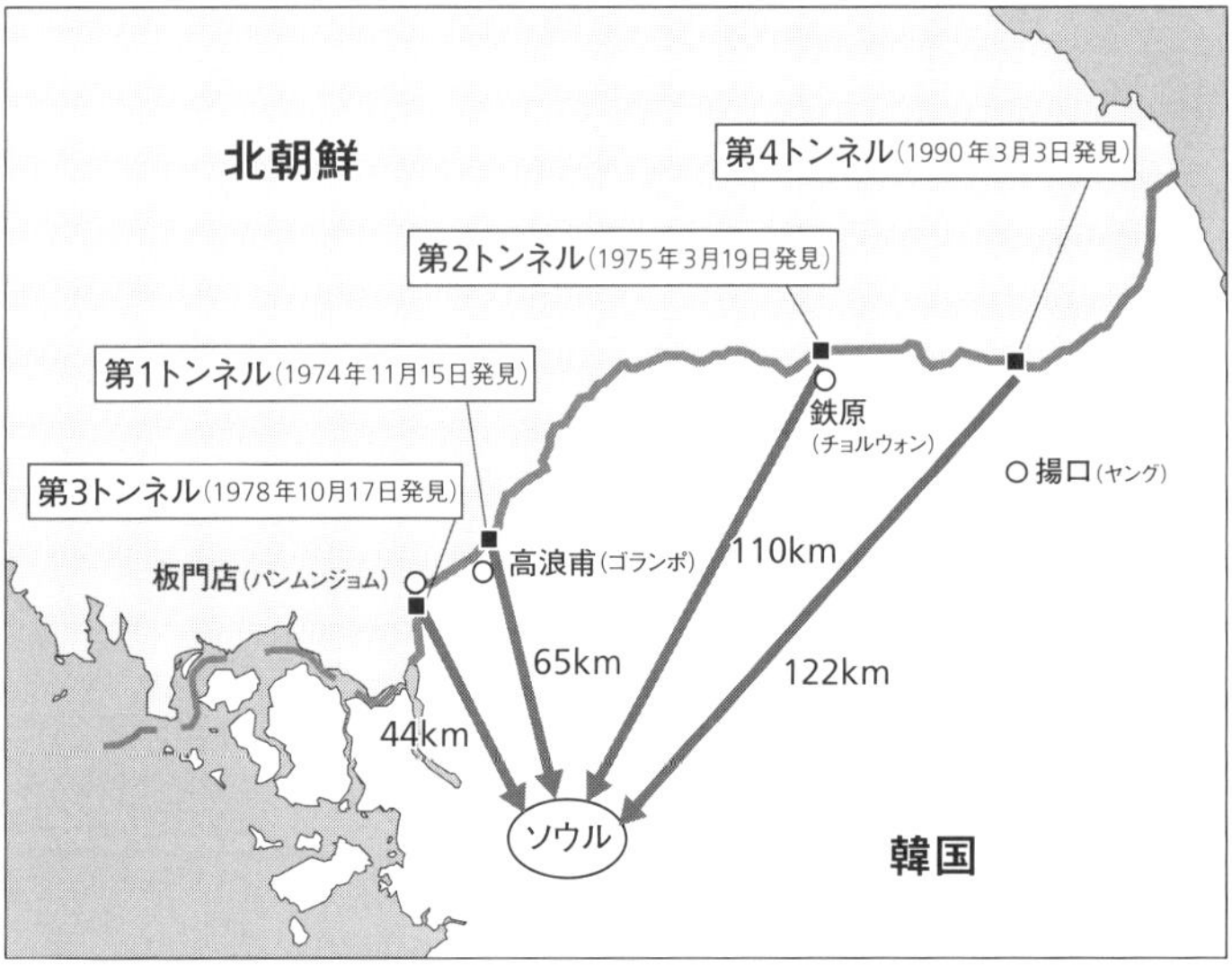

●発見されたトンネルの規模

	第1トンネル	第2トンネル	第3トンネル	第4トンネル
位置	高浪甫の東北8キロ	鉄原の北13キロ	板門店の南4キロ	楊口の北26キロ
幅	0.9m	2m	2m	1.7m
高さ	1.2m	2m	2m	1.7m
深さ（地下）	45m	50～160m	73m	145m
総長	3.5km	3.5km	1.635km	2.052km
ソウルまでの距離	65km	110km	44km	122km

北朝鮮が掘ったトンネル
写真提供：時事通信社

ずつ掘り進んでいきました。

いくら深い場所でも、ダイナマイトを爆破すると、地上では振動が起こります。地上で警備していた韓国軍の兵士が、異常な振動に気づきます。トンネルを発見した途端、そこにいた北朝鮮の兵士から激しい銃撃を受けます。韓国の兵士に死者が出ました。

北朝鮮の兵士は、トンネルの中を逃げていきます。韓国の兵士がそれを追う。途中に爆薬が仕掛けられていて、韓国軍兵士が殺害される事件が起こりました。

こうして四つのトンネルが韓国側に発見されたのです。北朝鮮は、韓国による謀略だと言い張ります。しかしトンネルの中に入ってみるとわかるんですね。明らかに南側からではなく、北側から掘り進んできたものです。現在、発見されているのは4本だけですが、北朝鮮から逃げてきた兵士の証言によれば、二十数本のトンネルが掘られているといわれています。

――そのトンネルは、強制収容所の人たちが掘っているのですか？

強制収容所は軍事境界線からずっと離れたところにあって、農業をしたり、石炭を掘ったりしています。トンネルを掘るにはかなりの技術が必要です。正規軍の兵士たちが掘っています。第2トンネルを見学してわかったのですが、掘っていると地下水が出るでしょう。地下水が韓国側に流れたらばれてしまいます。必ず北朝鮮側に流れていくように、少しずつ傾斜をつけている。そういうところまでちゃんと計算されています。

北朝鮮は、韓国にスパイを送り込むために韓国軍の制服を偽造しています。もし次の戦争が起きて、アメリカ軍や韓国軍が北に向かって警備をしていたら、突然、背後から韓国軍の制服を着た連中が現れて、攻撃を受けるということもありえるのです。

もともと同じ民族ですから、アメリカ兵には北朝鮮と韓国の兵士の区別はつきません。韓国軍の制服を着て、アメリカ軍を攻撃してくれれば、大混乱になるでしょう。北朝鮮は、次の戦争を予期して、南侵トンネルを掘っているのです。第2、第3トンネルは韓国によって整備されて、観光客向けにも開放されているので、見ることができます。

よど号ハイジャック事件

もうひとつ、日本と関わりの深い事件があります。それが「よど号ハイジャック事件」です。

１９７０年3月31日、羽田発福岡行きの日本航空３５１便がハイジャックされました。日本航空３５１便には「よど号」という愛称がついていました。この時代、日本ではまだ飛行機の数が少なかったので、飛行機一機ごとに愛称をつけていたんです。「よど号」は、大阪の淀川に由来します。

「よど号」を日本の過激派が乗っ取りました。犯人は、日本を革命の拠点として、世界同時革命を起こす。武力でこの世界をひっくり返して、世界を社会主義にしようと考えた若者たちが集まった「赤軍派《せきぐんは》」というグループでした。

1960年代の終わりから70年代にかけて、日本には過激派の学生たちが大勢いました。ちなみに「赤軍」というのは、ロシア革命を起こした軍事組織の名前です。「赤軍」は、やがてソ連軍になっていきます。

「赤軍」と同じように日本で武力革命を行おうというのが「赤軍派」です。彼らは総理官邸や防衛庁（現在は防衛省）、霞が関の役所を襲撃して占拠し、革命を起こそうと考えていました。そのための軍事演習を大菩薩峠《だいぼさつとうげ》（山梨県）で行っていました。

「赤軍派」は大学生が中心でしたが、そこに参加しようとした高校生を警視庁の私服刑事が尾行していたら、なんと大菩薩峠まで行った。そこで多数の学生たちが軍事演習をしているのを見つけて、一網打尽に逮捕します。

「赤軍派」は、日本の活動拠点を失います。逮捕されなかったメンバーは、海外で軍事訓練を受けて、武器をもらって帰ってくればいいだろうと考えます。

彼らはまず、社会主義革命を成し遂げたキューバを目指します。ところが日本からキューバへの直行便はありません。飛行機を乗っ取ったとしても、簡単に行ける距離ではありません。飛行機を乗っ取れば、すぐに行ける社会主義国、それが北朝鮮でした。

Qでは、なぜ北朝鮮だったのでしょう。

——自分たちと同じ社会主義の考え方を持った国だから。

もちろん思想的に近いことは重要です。でも、今もし、あなたが社会主義革命を起こすとしたら、北朝鮮を目指しますか。北朝鮮がどんなひどい国かわかっているから、そこで訓練を受けようなんて思わないでしょう。

１９７０年ごろ、北朝鮮の実態はまだベールに包まれていました。１９５０年代から北朝鮮は地上の楽園だという宣伝にだまされて、多くの在日朝鮮人が北朝鮮に渡りました。第２章でお話しした「帰国事業」ですね。在日の人たちの間では、北朝鮮はひどい国とわかっていました。しかし在日の人たちも、家族や親戚が北朝鮮の人質になっています。北朝鮮はひどい国だと公言できなかったのです。

「赤軍派」のメンバーには、北朝鮮はひどい国だという認識がありませんでした。そこで「よど号」を乗っ取ります。福岡に向かうはずの飛行機を、北朝鮮へと向かわせたのです。「赤軍派」のハイジャック犯９人は、北朝鮮への亡命を求め、北朝鮮で軍事訓練をしてこっそり日本に戻ってくるはずでした。しかし今も北朝鮮に残っています。

北朝鮮にしてみれば彼らは厄介者なので、北朝鮮の一般国民からはまったく隔離した場所で生活を送らせています。北朝鮮のやり方を批判したものはそのまま姿を消し、病気で死んだものもいて、今はかなり人数が少なくなりました。40年以上が経過し、みんなすっかり年をとり、日本に帰りたいと言っているのですが、帰国できずにいます。


――ハイジャック犯は飛行機の中にどうやって武器を持ち込んだのですか？


なるほど。現在の常識から考えると疑問に思うよね。小さなカッターですら持ち込むことはできませんから。

「よど号ハイジャック事件」は、日本初のハイジャック事件でした。それまで飛行機に搭乗する際に手荷物検査はありませんでした。電車やバスと同じように、簡単に乗れたのです。「赤軍派」の連中は、模造の日本刀やナイフなど武器になるものを簡単に機内に持ち込めました。「よど号ハイジャック事件」以来、世界中の航空会社は、手荷物検査や金属探知機での検査を行うようになったのです。

北朝鮮に話を戻しましょう。

これまでの話をまとめると、北朝鮮は「中ソ対立」を横目で見ながら、ソ連も中国もあてにならない、自分だけでやっていかなければならない、と思ったわけです。「主体思想」

や「先軍政治」を打ち出し、自分たちだけでなんとか韓国を混乱させ、武力で統一したいという思いをずっと持ってきました。

韓国を混乱させようと、大統領暗殺を何度か試み、失敗します。ソウルオリンピックの前年には韓国を混乱させようと、大韓航空機爆破事件を起こします。工作員の証言から日本人拉致事件も明るみに出ました。そして、「国防における自衛」の考え方、ここから核開発や、ミサイル開発を始めるようになっていったということです。

第5章
「歴代大統領」から見る韓国

国民の力で独裁政権を倒した歴史がある

韓国は、アメリカと同じ大統領制の国です。初代大統領は、第2章で登場した李承晩《イスンマン》です。アメリカの後押しにより、民主的な選挙を経て大統領になりました。しかし、大統領就任後は民主的とはほど遠い独裁者として君臨します。

李承晩の死後も、軍人の朴正煕《パクチョンヒ》がクーデターによって政権を奪取。再び軍事独裁政権が続きます。軍事独裁政権に反対する韓国の若者たちは、民主化を求めて集会や抗議行動を起こすようになります。

2016年、朴槿恵《パククネ》大統領が自分の友だちを国政に関与させていたとして批判を浴びます。大統領官邸前に、大勢の学生たちが押し寄せて、デモや集会を行い、大統領に対して辞任要求を突きつけました。

ニュースで報道されたデモの様子を見た日本の若い人たちは、韓国の若者は権力に対してよくあんなに激しく抵抗を示せますね、という感想を語っていました。

日本でも、安倍総理が安保法制を強行採決したのは許せないと、国会前で集会やデモが行われました。しかし、全国で若者が立ち上がるような大規模なデモはありません。

今の日本の若者は、政治に対して、どこか冷ややかな目で見ているのかもしれませんね。韓国の若者は、なぜこんなに政治に対して熱いのか？　実は、韓国には「歴史的な成功体験」があるからなんです。

独裁によって韓国の政財界を牛耳ってきた李承晩は、１９６０年3月の大統領選挙で4選を目指し、徹底した不正選挙を行います。投票所で野党の立会人が退去させられたことに抗議するデモ隊に警官が発砲、８人が死亡する事件が起こります。この選挙では、多くの人が行方不明になり、のちにひとりの高校生が遺体で見つかりました。

李承晩のやり方に激昂したソウルの大学生や高校生数万人が、4月19日、大統領官邸を包囲。抗議のデモを行います。その時、警察隊による無差別発砲で7人が死亡しました。抗議行動は全国に広がり、各地で警察隊と衝突。4月19日だけで１８６人が射殺され、さらに６０００人を超える負傷者が出ました。

政府は非常戒厳令を発令。デモ鎮圧のために軍隊の出動を要請します。これまでは李承晩の独裁政権に逆らったら軍隊が出てきて制圧する、政権には逆らえない状況でした。ところが、軍隊は何も行動を起こしません。どうしたのでしょう。実は、軍隊も李承晩による長期独裁には愛想を尽かしていたのです。

デモはさらに激しさを増します。デモ隊の市民代表たちが、李承晩大統領に辞任を勧告します。さらにアメリカも駐韓大使を通して辞任するよう圧力をかけてきました。

ついに、李承晩大統領は辞任。アメリカのハワイに亡命します。独裁者の大統領を追い詰めるデモが始まった日が4月19日だったことから、「4・19民主革命」と呼ばれます。

――独立時、アメリカによって民主主義の道が開かれたのに、なぜ韓国は軍事独裁の道を歩んだのですか？

いい視点ですね。韓国が軍事独裁に向かった原因は、北朝鮮の影響が大きいのです。北朝鮮は、徹底した軍事独裁政権です。韓国は、いつ北朝鮮が攻撃を仕掛けてくるかもしれないと警戒します。

北朝鮮の軍事政権に対抗して、韓国もまた軍事政権になる。北朝鮮の独裁に対抗するために、韓国もまた独裁になる。皮肉な負の連鎖です。

しかし韓国の場合は、アメリカ軍も駐留しているし、国内に外国のメディアもあります。政権がおかしなことをし始めると、すぐに報道されます。独裁政権には違いありませんが、政権が腐敗すると大勢の人たちが立ち上がり、抗議行動を起こすことができます。

北朝鮮のように、あらかじめ決まった選挙ではなく、一応自由選挙です。候補者も自由に選ぶことができます。軍事独裁政権下においても、限定的ではあるけれど民主主義は保たれていました。だからこそ、民主主義の根幹である選挙で不正が行われたことを知った国民が怒りの声を上げたのです。

大勢の犠牲が出たことで、学生だけではなく国中の人が怒りの声を上げます。結果的に、李承晩は失脚。韓国を脱出し、アメリカに亡命します。これが１９６０年の「4・19民主革命」です。現在の韓国の憲法は、１９８７年に改正されたものですが、憲法の前文に「4・19民主革命」のことが追記されています。

韓国建国時の憲法の序文には「悠久の歴史と伝統に輝く我々大韓国民は三・一運動で成立した大韓民国臨時政府の法統（中略）を継承し……」という記載があります。第3章ではこの部分が韓国の建国神話だと話しました。

現行の憲法にはそのあとに「不義に抗拒《こうきょ》した4・19民主理念を継承し」という一文が追加されています。

つまり、「李承晩の独裁政権によって、不正な選挙が行われた。それに対し人々が立ち上がり、民主的な国をつくろうとした意志を受け継いでいる」――政権の中で何か不正なことが行われたら、人々が立ち上がって、デモや集会を開き、政権をひっくり返すことが素晴らしいことだと、憲法に書いてあるのです。すごいでしょう。

政治の腐敗に対して立ち上がる若者たちの根底には、「4・19民主革命」という韓国にとっての「歴史的な成功体験」が流れているのです。

――反政府運動を起こすのは若者たちです。もっと上の世代は関わらないのでしょうか？

大きな集会やデモなど、体力を必要とする行動は若者が中心になっています。しかし、その若者を後ろで応援している大人たちがいるわけです。両親や家族が応援してくれるからこそ、あれだけのことができている。

若者が1万人集まれば、その背後にはおそらくその10倍以上の大人たちがいる、ということなのです。年配の人たちも、自分たちの世の中を自分たちの力で変えてきた歴史的成功体験を持っています。だから、若者たちがやろうとしていることを応援するのです。

日本で韓国の大統領候補が拉致された

韓国では国民の力によって李承晩独裁政権が倒されます。一時的に、許政《ホジョン》が大統領を代行し、その後国会議員による間接選挙で尹潽善《ユンボソン》が大統領に選出されます。

1961年5月16日、尹潽善政権下で軍の少将だった朴正熙を中心とした軍事クーデターが起こります。

朴正熙が国家権力を掌握。軍事独裁政権が始まります。朴正熙の独裁は、1979年10月26日に暗殺されるまで続くことになります。

余談ですが、朴正熙は日本が朝鮮半島を統治していた時に、満州にあった日本の陸軍士官学校に入りました。当時の朝鮮半島の人たちは日本名を使うことを強制されていたので、朴正熙は高木正雄《たかぎまさお》と名乗っていました。日本が敗戦し、韓国が独立を果たして、再び本名の朴正熙を名乗れるようになったのです。

朴正熙軍事独裁政権下で、日本を巻き込んだ事件が起こります。それが「金大中《キムデジュン》事件」です。この当時、日本ではまだ韓国の人の名前を日本語読みしていたので、「きんだいちゅう事件」と呼ばれていました。のちの金大中大統領その人です。

1970年に金大中は、野党の大統領候補として朴正熙と争いました。残念ながら選挙には敗れます。しかしこの頃から、朴正熙は金大中を政敵とみなすようになったのです。大統領に再選された朴正熙は、さらに独裁色を強めていきます。韓国にいられなくなった金大中は、アメリカと日本を行き来しながら朴正熙の独裁政権に反対し、民主化を呼びかけていました。

1973年8月8日、東京都千代田区のホテルグランドパレスに滞在していた金大中が白昼、何者かに拉致されます。韓国の前大統領候補が突然、姿を消したのですから、大騒ぎになりました。拉致から5日後、金大中はソウルの自宅前で解放されます。

警視庁の捜査によって、金大中が拉致された現場の部屋から、駐日韓国大使館の一等書記官、金東雲《キムドンウン》の指紋が検出されました。韓国政府の関与が疑われることになります。なぜ韓国大使館の一等書記官の指紋だということがわかったのか。大使館員は外交特権で守られています。日本の警察が捜査することはできません。金東雲は書記官になる以前に、日本に入国したことがありました。その時に指紋が採られていたのです。

その後、ＫＣＩＡによる犯行だとわかります。名前のとおりコリア版ＣＩＡ。大韓民国中央情報部です。「金大中事件」に韓国政府が関与していたことが明らかになったのです。

金大中は拉致されたあと、目隠しをされて関西に連れて行かれます。港から工作船に乗せられて、韓国に連れて行かれたと考えられています。

途中で足におもりを巻きつけられて、日本海に沈められそうになった。突然、上空に日本の航空自衛隊と思われる航空機が飛んできて、照明弾を撃って警告したため、犯人たちは海に投げ込むのをやめた。金大中本人が、こう証言しています。犯人たちは自衛隊機の警告によって、金大中を殺さずに韓国に連行することになったというのです。

日本政府は、この件に関して一切の関与を否定しています。しかし航空自衛隊は、なぜ飛んできたのだろうという謎がいまだに残っています。韓国政府による拉致事件だと知ったアメリカが、自衛隊に連絡して金大中殺害を阻止したのだと推測されていますが、真相は藪の中です。

韓国の大使館員が日本で起こした犯罪です。日本政府は韓国に激しく抗議しました。ところが犯人とされた一等書記官は、すでに韓国に帰国。警視庁は韓国政府に対し、捜査に協力するよう要求しますが、韓国政府は拒否します。

事件から3か月後の11月。韓国側から特使が日本を訪問します。当時の田中角栄総理との間で、韓国の責任は追及しないという政治決着に合意します。真相は究明されないまま、事件に幕が引かれました。韓国政府の関与が明らかな事件が日本で発生したにもかかわらず、残念な事件処理がなされたのです。

金大中は韓国に連れ戻されたあと、軟禁状態に置かれ、日本に戻ることなく逮捕されます。1978年3月に釈放。政治活動を再開しますが、再び逮捕され一時は死刑判決を受けます。

日本政府は、金大中の死刑判決に抗議します。民主化弾圧だと、アメリカをはじめとする各国からの批判も高まります。1988年にソウルオリンピックを控えていたこともあり、1982年、全斗煥大統領時代に金大中はアメリカへの出国を条件に釈放されます。

朴正煕大統領が暗殺された

朴正煕大統領は、1963年12月17日に就任し、独裁政権を敷きます。ちなみに、朴正煕の娘が、2013年に韓国大統領に就任した朴槿恵です。

朴正煕が長期政権を築きつつあった1974年7月、在日韓国人の文世光《ムンセグァン》が、大阪の警察署の派出所に忍び込み、警察官が仮眠をとっている間に拳銃を2丁盗みます。

そして、翌月の8月15日。8月15日は日本では終戦記念日ですが、韓国では日本からの独立を祝う「光復節《こうふくせつ》」の式典が毎年開催されます。この日も朴正煕大統領夫妻が出席して、式典が開催されていました。

文世光は、盗んだ拳銃を持ってこの集会に潜り込み、登壇していた朴正煕に向かって発砲しました。

射撃に気づいた朴正煕はとっさに身を隠しました。しかし、そのあとに放たれた弾が、隣にいた朴正煕夫人を直撃。夫人は死亡します。

在日韓国人が日本の警察の銃を盗んで、韓国の大統領を暗殺しようとした。その巻き添えを食って、奥さんが死んでしまった。日韓をまたぐ事件に、大変な騒動になります。日本では、大阪府警が捜査しますが、文世光の背後関係について、明らかになることはありませんでした。

「金大中事件」で、日韓関係が悪化していた時です。この事件によって、さらに日韓関係が悪化することになりました。

犯人の文世光については後日談があります。朴槿恵は議員時代の2002年に、北朝鮮の平壌を訪問して、金正日《キムジョンイル》と面会しています。金正日は、文世光が北朝鮮の工作員だったことを認め、謝罪したといわれています。ただ、この話は朴槿恵の自伝に書かれているだけで、客観的に証明できるものではありません。

「青瓦台襲撃未遂事件」も朴正煕を狙ったものでしたが、北朝鮮はこれまで幾度か韓国の大統領暗殺を企ててきました。しかし、ことごとく失敗します。そこで北朝鮮の工作員ではなく、在日韓国人を使えば暗殺できるのではないかと考え、文世光に指令を出した。そう推測されます。

暗殺未遂事件から5年後の1979年10月26日、朴正煕大統領は側近であるKCIAの部長と食事をしていました。食事の最中に、KCIAの部長が突然銃を取り出し、朴正煕大統領を殺害します。これは政権転覆のための軍事クーデターだと考えられています。16年にも及んだ朴正煕大統領の独裁に対する怒りは、側近にまで充満していたのです。明智光秀が織田信長を討った「本能寺の変」と構図がよく似ていますね。

朴槿恵は、銃弾によって母親を失います。そして、父の朴正熙大統領も側近によって射殺されるのです。壮絶すぎる経験です。ＫＣＩＡの部長による朴正熙大統領殺害で、朴政権の幕は突然下ろされました。政権奪取のためのクーデターを起こそうとした犯人を逮捕したのが、保安司令官だった全斗煥《チョンドゥファン》です。

朴正熙の死後、政府機関である軍内部では民主化を進めようという勢力と軍事独裁を維持しようという勢力が対立します。１９７９年12月12日、軍事独裁派の全斗煥は、クーデターを起こして軍の全権を掌握。これを「粛軍クーデター」と呼びます。

朴正熙の後継として、大統領を代行していた崔圭夏《チェギュハ》が大統領に就任していました。しかし崔圭夏は、全斗煥の操り人形のような状態でした。

――全斗煥は、クーデター後すぐに大統領にならなかったのですか？

「粛軍クーデター」の時、全斗煥は軍の中での地位がまだ低く、少将でした。韓国では、一応民主的な選挙によって国会議員や大統領が決まります。まだ大統領の器ではなかったのです。しかし全斗煥は軍を掌握しています。自ら地位を上げていくことができます。その後、中将、大将へと昇進します。

そして、１９８０年９月１日、議会から選出された全斗煥は大統領に就任します。クーデターから約8か月あとのことです。

振り返ってみると、韓国の歴史はクーデターの歴史です。独裁政権ができたらクーデターが起きて、また独裁政権になる、の連続ですよね。建国後は軍事独裁が続き、真の意味で民主主義の国になったのは、ごく最近のことなのです。

ちなみにクーデターは、「権力への一撃」という意味を持つフランス語です。前の指導者を倒して、自分が新しい指導者になる権力の中での争いです。政治体制は変わりません。権力を持たない弱い者が権力者を倒して、政治体制や国家体制をひっくり返すことが「革命」です。

軍事独裁が終わった

話を戻しましょう。軍を掌握した全斗煥は、軍事独裁をさらに強化し、政治活動の停止や、出版・放送の事前検閲などを強行します。

1980年5月18日。韓国南部の光州《クァンジュ》市で、独裁政権に反対する人たちによる、大規模な暴動が起こります。これが「光州事件」です。

韓国軍は、光州の町を全面封鎖。徹底的な軍事弾圧を行います。国内のメディアは、政権によって統制され、一切報道は行いません。外国のメディアも、光州の町で何が起こっているのか、取材するすべがありません。

「光州事件」によって、少なくとも189人が殺害されたと発表されました。実際ははるかに多くの人が犠牲になったといわれています。軍事独裁政権が暴走を始めると、必ず民衆が立ち上がって民主化を目指す。それがうまくいくこともあれば、徹底的に弾圧されることもある。この繰り返しが、韓国の歴史なのです。

光州は、金大中の故郷です。全斗煥は、「光州事件」の首謀者は金大中と断定。軍法会議にかけて、死刑判決を下します。先ほど話したように、このあと日本からの抗議やアメリカからの圧力を受けて、金大中は釈放。アメリカに渡ることになります。

全斗煥による軍事独裁は、まだまだ続きます。1987年、ソウルオリンピックの前年のことです。当時の韓国では反政府活動に対する取り締まりが厳しくなり、警察の取り調べでは当たり前のように拷問が行われていました。

顔や体を殴って物理的な危害を加えると、証拠が残ります。韓国の警察では、大量の水を飲ませたり、逆さ吊りにして水の中に頭を入れて呼吸ができないようにしたりするといった、水責めによる拷問が行われていました。

1月に、ソウル大学の学生が反政府活動をしていたといって、逮捕されます。拷問を受け、その大学生は死亡しました。警察は、「取り調べ中にショック死した」と嘘の発表をします。ところが遺族が検死を依頼した医者が、窒息死だと証言しました。

遺族は、拷問による殺人だと激しく怒ります。ソウル大学をはじめとする大勢の学生たちがこの事件に抗議するデモを始めました。

6月、抗議デモに対し、警察が鎮圧するため催涙弾を発射します。頭に催涙弾の直撃を受けた延世《ヨンセ》大学の学生が、血まみれになって倒れます。

カメラマンがこの瞬間を撮影していました。衝撃的な写真が報道されました。全斗煥政権や警察に対する国民の怒りが爆発します。

この学生は翌月死亡。ソウルでは100万人近い人が集まり追悼集会が開かれました。光州では50万人、釜山では30万人の人が街頭に繰り出しました。

――オリンピックが行われる前年のことですよね。世界の国々は、危険な国へ選手を派遣するのをためらわなかったのですか?

まさに、そこなんだな。ソウルオリンピックの開催は、韓国の悲願でした。これほど大勢の人を武力で弾圧したとなると、国際社会からも大きな反発を受けます。さらに、軍事独裁を危惧するアメリカから、民主化を求める圧力も強まっていました。

Q　そこで全斗煥大統領は、どんな手段をとったと思いますか？

――民主化を求めるグループとオリンピックが終わるまでは、休戦状態にしようと持ちかけた。

李承晩も、朴正熙も、全斗煥も、国民ともっと話し合いをする姿勢があったら、独裁政権と国民の対立構造も変化していたかもしれませんね。

全斗煥が選択したのは、大統領を辞めることでした。このまま軍事独裁政権を続けることは難しいと考えた全斗煥は、退陣を表明します。後継者として陸軍士官学校の同期で、常に行動をともにしてきた盧泰愚《ノテウ》を指名します。

１９８７年６月29日、大統領候補に指名された盧泰愚は、これからは民主化の道を進むことを宣言します。これを「６・29民主化宣言」と呼びます。

初めて国民による直接選挙で大統領が選ばれた

「６・29民主化宣言」によって、韓国の大統領を国民による直接選挙で選ぶように憲法が改正されました。12月16日、大統領選挙が実施されます。

野党にはふたりの有力者がいました。金大中と金泳三《キムヨンサム》です。「民主化宣言」により、金大中もアメリカから帰国して復権し、再び政治活動ができるようになっていました。

――大統領を国民による直接選挙で選ぶと、全斗煥側が不利になる気がしますが……。

これまでの経緯を考えると確かにそう思うよね。しかし、軍事独裁政権でもそれを支持する側の人間もいます。軍によって利益を上げている人もたくさんいるのです。一方で、民主化を求める声も日々大きくなっています。

全斗煥が金大中の帰国を認めたのは、もし野党候補として金大中と金泳三のふたりが立てば票が割れて、与党の盧泰愚に有利になると読んでいたからだといわれています。策士ですね。国民による直接選挙で選ばれれば、これは国民の信任を受けた政権です。全斗煥は盧泰愚を大統領にして院政を敷き、後ろから操ろうと考えていました。いわゆる傀儡政権です。選挙結果は、全斗煥の読みどおりでした。獲得票は、盧泰愚36・6%、金泳三28・0%、金大中27・1%でした。

もし野党候補が一本化できていたら、盧泰愚政権は誕生していなかったのです。

――全斗煥は、盧泰愚を陰で操る独裁者になったのですか？

大統領選挙の結果までは、全斗煥の思惑どおりでした。ところが、予想外の展開が待っていたのです。

Q 盧泰愚は大統領に就任後、何をしたと思いますか。

――全斗煥を副大統領にした。

――民主化宣言を放棄して、再び軍事独裁への道を進んだ。

どちらも違うんだなぁ。盧泰愚大統領は、全斗煥を裏切り、全斗煥が在任中に行った不正蓄財を追及。全斗煥の家族を次々に逮捕したのです。

なぜ、裏切ったのでしょう？　大統領選挙でも、野党の獲得票は50％を超えています。完全な民主化を求める国民の声は依然として大きかったのです。もし、独裁者であった全斗煥を厚遇すれば、自分の立場が危うくなるからです。

そしてもうひとつ、大きな理由があります。盧泰愚には、国民による直接選挙で選ばれた初めての大統領という自信が芽生えていたのです。盧泰愚政権から、本当の意味での韓国の民主化が始まります。「6・29民主化宣言」が出されたのが、1987年です。韓国は民主化されてから、まだ30年しか経っていないのです。

北朝鮮は、ソウルオリンピックを阻止しようとして、大韓航空機爆破事件を起こしました。一方、韓国はソウルオリンピックの成功を願って、軍事独裁政権から民主化の道を歩みます。韓国と北朝鮮、ふたつの国が交われない構図が、ここからもうかがえます。

ソウルオリンピックの成功は、韓国経済が成長し、先進国の仲間入りをしたことの証明にもなりました。

盧泰愚大統領は、東西冷戦時代に国交が断絶し対立していた東欧諸国とも外交を始めます。さらに1990年にソ連、1992年には中国とも国交を樹立します。

北朝鮮にとっては、ソ連はもちろん、朝鮮戦争ではともに韓国と戦った中国が韓国と国交を結んだことは、大きなショックでした。このあたりから、北朝鮮の国際社会での孤立化が進んでいきます。

韓国に民主化をもたらした盧泰愚大統領は、5年の任期を終えて退任します。次の大統領選挙は、事実上、金大中と金泳三の一騎打ちになりました。5年前の選挙では、ふたりとも民主化運動を旗印に野党から出馬していました。

ところが金泳三は、盧泰愚率いる与党に合流、与党候補として立候補します。大統領選挙の結果は、金泳三の圧勝でした。

大統領に就任すると、金泳三は再び軍事独裁に戻ることのないように軍隊内の秘密組織である軍閥解体に乗り出します。さらに金融実名制を導入します。それまでの韓国では、架空名義の銀行口座が認められていたのです。驚きですよね。かつては日本にも、架空の口座はたくさんありました。民主化の過程で歩む道は、よく似ているのかもしれません。

金融口座をすべて実名に書き換えました。すると思いがけない人物の犯罪が発覚します。前大統領の盧泰愚が5000億ウォン（当時のレートで約527億円）にも及ぶ不正蓄財をしていたことが白日のもとにさらされました。在任中、武器輸出などの国家事業で手数料を取りながら、財界からも献金を受けていたのです。

さらに全斗煥政権時代に「光州事件」で学生たちを弾圧したことがクーデターにあたるとして、全斗煥が罪に問われます。こうして、盧泰愚前大統領は収賄容疑で逮捕され、全斗煥元大統領はクーデター容疑で逮捕されます。しかし、クーデター容疑については時効が成立しています。ここからが韓国流のすごいところです。

Q 時効で過去の罪が追及できない時はどうするでしょう？

——別の新しい罪を仕立てて、罰することができるようにする。

それでは、無罪の人でも言いがかりをつけて逮捕できる。軍事独裁時代に逆戻りですよ（笑）。韓国では、過去の犯罪を裁けるように、当時のことを追及できる法律をあとからつくるのです。これを「遡及法《そきゅうほう》」といいます。

時効を認めず、いつまでも責任を追及する。近代国家ではまずありえない法律ですが、韓国ではつくることができるのです。かくして全斗煥と盧泰愚、ふたりの大統領経験者が、並んで法廷に立つこととなりました。

金泳三大統領は、クリーンな政治をモットーにします。しかし、アジア通貨危機の影響を受け韓国経済が破綻。その責任を問われることになります。さらに金泳三大統領の在任中には、特急列車の転覆事故、アシアナ航空機の墜落事故、デパートの崩壊事故など多くの犠牲者を出した大型事故が相次ぎました。

金泳三は、大型事故の対策も後手に回り、国民から非難を受けるようになります。その結果、金泳三は「失敗した大統領」の烙印《らくいん》を押されたまま、任期を終えました。

金大中が日韓関係を修復

1997年12月の大統領選挙で、新しい大統領に指名されたのが金大中です。ずいぶん前から名前が出てきていますが、ようやく大統領の座をつかんだのです。

東京で拉致され殺されかけた「金大中事件」から24年後のことです。

Q これまでの選挙では、ことごとく敗れ続けた金大中が、今回はなぜ当選できたのでしょう?

――これまでのように有力候補がいなかった。

ライバルは強力でした。金泳三政権下で首相を務めた李会昌《イフェチャン》です。選挙結果も圧勝ではなく、僅差の辛勝でした。金大中は、大統領になるために、金泳三と同じような行動をとります。選挙直前に保守政治家の有力者と手を組んだのです。

その有力者は、朴正熙時代から金大中を敵視していた人物です。前回の選挙では金泳三を応援していました。権力の座を得るためならなんでもする。そう受け取られても仕方のない行動です。きれいごとだけでは、勝ち残れない。それが政治の世界なのかもしれません。金大中も、したたかな政治家になっていたのです。

大統領に就任した金大中を待っていたのはアジア通貨危機による韓国経済破綻と、IMF（国際通貨基金）による韓国経済の管理でした。IMFは、外貨不足に陥った国に外貨を融資する組織。世界の通貨と為替の安定を目的とする国連の専門機関です。

金大中は、経済復興に全力を注ぎます。IMFの要求する改革にも取り組みます。経営が悪化した金融機関を整理し、財閥の解体にも手をつけます。

さらに、海外企業にも門戸を開きます。アメリカのような自由市場経済の国に激変しました。これらの改革の結果、3年半でIMFからの融資を完済します。スピード再建でした。一方で、韓国社会の貧富の格差がさらに拡大する側面もありました。

――盧泰愚時代に、中国やソ連と国交を正常化させたため北朝鮮がさらに孤立することになったと習いました。金大中は北朝鮮に対してどんな態度をとったのですか？

金大中大統領は、北朝鮮に対して「太陽政策」をとります。イソップ童話の『北風と太陽』からのネーミングです。読んだことありますよね。

強硬政策は、北朝鮮の態度をさらに硬化させるだけです。北朝鮮に対し援助の手をさしのべるほうが、朝鮮半島の平和にとって良策だと考えたのです。北朝鮮は食糧不足です。米や肥料を援助しました。さらに北朝鮮が外貨を獲得できるよう韓国企業による観光事業もスタートさせました。

２０００年6月、金大中大統領の北朝鮮訪問が実現します。南北分断後、初めて双方の首脳が会談する、歴史的な出来事です。

金大中と金正日の会談は、6月13日から15日にかけて行われ、「6・15南北共同宣言」が出されます。両国は自主的な平和統一を目指すことを宣言しました。さらに離散家族の問題を解決することも織り込まれます。これらの成果が評価され、金大中大統領にこの年、ノーベル平和賞が贈られました。

しかしその後、会談実現のために韓国の財閥である現代グループから北朝鮮に対し多額の費用が渡っていたことが明らかになります。金大中は、ノーベル平和賞を金で買ったと批判されることになりました。

次の大統領である盧武鉉《ノムヒョン》も「太陽政策」を継続します。ところがその裏で北朝鮮は密かに核やミサイルの開発を進めていたことが、あとでわかります。韓国側の平和への期待は見事に裏切られたのです。

金大中大統領は、日韓関係にも新しい1ページを開きます。日本が朝鮮半島から出ていったあと、韓国は日本の文化を徹底的に排除します。日本の映画やテレビ、音楽や漫画も原則として禁止されていました。

金大中大統領は、日本に対しても親和的な政策をとります。1998年10月の金大中大統領の日本訪問に合わせ、漫画や映画など日本の大衆文化を段階的に開放していくことを表明します。

大統領の方針を受けて、12月には北野武監督の『HANA-BI』と黒澤明監督の『影武者』が公開されました。その後、音楽や漫画などが次々と解禁されていきます。

金大中大統領のもとで、日韓関係は大きく改善されました。10月の訪日時には、小渕恵三総理と会談。過去を精算して、未来志向の両国関係を築いていくことを約束し、共同宣言を発表します。

日韓の関係がさらに友好的になるかと思えた矢先のことです。2001年6月、「新しい歴史教科書をつくる会」による教科書が文部科学省の検定を通ったことが韓国側で問題になります。その教科書には「日本政府は、韓国の併合が、日本の安全と満州の権益を防衛するために必要であると考えた」と記述されていました。

韓国政府は日本の朝鮮半島侵略を正当化するものだとして抗議。この記述をはじめ25か所の修正を求めました。小泉純一郎内閣は、修正要求を拒否。この記述についても「明白な誤りではない」と回答します。日本政府の対応に、韓国政府は激しく反発します。韓国国民の間でも再び反日感情が高まります。

Qこの頃、歴史や政治を乗り越えて、日韓友好が進んだ出来事がありました。

――2002年、サッカーのワールドカップ日韓共催です。


そうですね。共催実現時に向けては両国間の激しい駆け引きがあったそうですが、FIFA（国際サッカー連盟）は、日韓共同開催を両国に働きかけ、日本も韓国もしぶしぶ受け入れました。

大会が始まると、日本も韓国も決勝トーナメントに進出。日本は決勝トーナメント1回戦（ベスト16）で敗れましたが、韓国は準決勝まで進みました。日本が敗退したあと、日本のサポーターたちが韓国代表を応援する姿は、韓国内で強い印象を与えます。反日ムードが一時的にでも影を潜めます。また、日本国内でも韓国への親近感が生まれ、その後の韓流ブームへつながっていきました。

金大中大統領も、政権末期になると家族や親族に金銭スキャンダルが噴出します。金大中は野党時代から親族に対する利益供与や癒着、賄賂《わいろ》などを激しく批判してきました。しかし権力の座に就いたものの宿命なのでしょうか。金大中も例外ではなかったのです。

大統領によって変わる対北朝鮮政策

金大中大統領が任期満了で退任したあとを継いだのが、2003年2月25日に就任した盧武鉉大統領です。盧武鉉大統領は1946年生まれです。日本による統治時代を経験していない、初めての大統領でした。

支持者にも「386世代」と呼ばれる若者が多くいました。1990年代に30代（3）で、1980年代（8）に大学生で、1960年代に生まれた人たち（6）のことです。

彼らは大学生時代に軍事独裁政権に反対する民主化運動を経験しています。民主化によって解禁されたマルクス主義の書物や北朝鮮の「主体思想」にも触れています。社会主義の思想に影響を受けた世代でもありました。

北朝鮮は「6・15南北共同宣言」を守ることなく核開発を行っていたことがわかります。国際社会の非難を浴びますが、盧武鉉大統領は金大中の「太陽政策」を継続します。それを支えたのが北朝鮮に対して反感の薄い「386世代」です。

当時のアメリカ大統領は、ジョージ・W・ブッシュ。北朝鮮を「悪の枢軸」と呼ぶほど、嫌っていました。アメリカは、北朝鮮に援助を続ける盧武鉉政権に対して、いい感情を持ちません。

2006年7月、北朝鮮が弾道ミサイルの発射実験を行います。国連安保理事会は、北朝鮮を非難。弾道ミサイルの活動停止を要求します。さすがに盧武鉉も、北朝鮮から距離を置くかと思いきや、8月15日、「光復節」での演説で、北朝鮮を擁護する発言をします。

盧武鉉大統領の北朝鮮政策によって、アメリカとの関係は悪化していきます。

Q 盧武鉉大統領も任期半ばを過ぎると、支持率が低下し始めます。支持率回復のために何をしたと思いますか。

――**北朝鮮への援助活動を停止した。**

そう思うよね。ところが盧武鉉は日本を標的にします。就任当初は金大中の「未来志向」

を継承し、日本と緊密な関係をとっていく方針でした。

ところが支持率が下がると、急に反日に転じます。韓国の大統領のいつものパターンがここでも踏襲されました。過去の日本による植民地支配に対し反省を要求。日本の小泉総理が取り合わないでいると、「外交戦争も辞さない」という発言まで飛び出します。

さらに日韓関係が悪化する出来事が起こります。竹島の問題です。2005年3月、島根県議会が2月22日を「竹島の日」と制定します。竹島周辺には、韓国の漁船が多数やってくるようになり、島根県の漁民から不満の声が上がっていました。竹島は日本の領土であることをアピールしようとしたのです。

韓国は、猛烈に反発。それまで認めていなかった竹島への観光ツアーを開始します。以来、現在でも竹島問題では、両国ともに譲らない緊張状態が続いているのです。

少数与党だった盧武鉉政権時代は、政治的にも外交的にも混乱続きの時代でした。国民は、安定を求め実力のある保守政治家を求めます。そこに登場したのが、元ソウル市長の李明博《イミョンバク》です。

2008年2月25日に就任した李明博大統領は、アメリカや日本との関係を強化することで、北朝鮮への対抗姿勢を示します。実は李明博はもともと反日思想の持ち主でした。しかし大統領に就任したからには国のことを優先して親日に転換した、現実主義者なのです。金大中、盧武鉉の2代にわたって継続された北朝鮮に対する「太陽政策」も、李明博は打ちきります。かといって強硬姿勢に転じたわけではありません。しかし北朝鮮との関係に緊張が走る事件が起こります。

2010年3月26日、韓国海軍の哨戒艦《しょうかい》が北朝鮮の攻撃によって爆破される事件が起こります。北朝鮮は関与を否定しましたが。

2010年11月23日には、韓国軍が演習を行っている黄海の延坪島《ヨンピョン》に向けて北朝鮮軍が砲弾を発射。韓国軍も応戦します。この時に、北朝鮮軍の砲撃を受けた韓国兵ふたりと民間人ふたりが死亡。16人の兵士と民間人3人が重軽傷を負いました。

慰安婦問題がクローズアップされたのも李明博政権下のことでした。慰安婦問題に関しては第3章で詳しくお話ししましたね。

日本政府が慰安婦問題の交渉に応じないことに腹を立てた李明博大統領は、韓国の大統領として初めて竹島に上陸します。しかし慰安婦問題と竹島が、どうつながるのか理解はできません。政権末期の行動なので、支持率を上げるためのポピュリズムではないかといわれています。

李明博政権下では、北朝鮮との関係も、日本との関係も、悪化しました。また、李明博も例に漏れず退任後、本人や親族の汚職事件が持ち上がり、兄が逮捕されました。

悲劇のヒロインから急転落

２０１２年12月の大統領選挙では、李明博大統領の与党の朴槿恵と盧武鉉大統領の側近だった文在寅《ムンジェイン》の争いになりました。この選挙では朴槿恵が勝利します。

――**暗殺された朴正煕の娘だということも、選挙に影響があったのでしょうか？**

もちろんあったと思います。韓国国民にとって、朴槿恵は悲劇のヒロインなんです。両親が殺害されるという衝撃的な出来事を経験した。それでも一生懸命努力してトップにのぼりつめた。その姿が、多くの人たちの支持を集めました。また、彼女自身もソウル市長選の応援演説に向かうところで暴漢に襲われ、九死に一生を得た経験があります。朴槿恵は、激動の韓国の歴史そのものを体現するような人なのです（図表⑦）。

さらに彼女の場合は、北朝鮮に対して強硬姿勢をとったことも評価されました。北朝鮮の脅威に対して、彼女なら果敢に対決してくれる。そういう期待もあったんですね。

その期待に反して、朴槿恵大統領に対する批判の声が高まったのが、２０１４年４月16日の大型客船セウォル号沈没事故です。修学旅行中の高校生３２５人と引率の先生14人のほか一般乗客乗務員も合わせて４７６人が乗船していました。

図表⑦—**波乱に満ちた朴槿恵の人生**

1952年 0歳	2月2日、軍人の父・朴正熙と母・陸英修(ユクヨンス)の長女として生まれる
1961年 9歳	父が第5代韓国大統領に就任
1970年 18歳	西江大学電子工学科に入学
1974年 22歳	フランス留学中の8月15日、在日韓国人文世光により母が射殺される。以後、母の代わりにファーストレディ役を務める
1979年 27歳	10月26日、父がKCIA部長により暗殺される
1998年 46歳	国会議員補欠選挙で当選し、政界入り ハンナラ党に所属
2002年 50歳	5月、平壌で金正日と会談
2006年 54歳	遊説中に暴漢に襲われ大けがを負う
2011年 59歳	ハンナラ党の非常対策委員長に就任し、事実上の党代表となる
2012年 60歳	2月、党名をセヌリ党へ改称 8月、大統領予備選で党候補に選出される 12月、本選で文在寅との接戦を制し当選
2013年 61歳	2月25日、第18代韓国大統領に就任
2014年 62歳	4月、セウォル号沈没事故に際して、動向不明の空白の7時間が問題視される
2016年 64歳	10月、友人の崔順実が国政に介入したとされる「崔順実ゲート事件」で支持率急落 12月、国会で弾劾訴追案が可決される
2017年 65歳	3月10日、憲法裁判所により罷免が決定し、大統領職を解かれる 3月31日、逮捕。4月17日、起訴される

1977年3月、陸軍士官学校の卒業式に、父とともに出席
写真提供:共同通信社

韓国未来連合創党準備委員長として北朝鮮を訪問
写真提供:時事通信社

彼女の人生は、激動の韓国の歴史そのもの!

両親ともに殺されるなど、不運の人生を歩んできたことなどで、有権者の同情や支援が集まった

苦難を乗り越えた彼女なら、北朝鮮問題も解決できる!

友人の崔順実をめぐり、さまざまな疑惑が噴出
写真提供:時事通信社

セウォル号沈没事故では、政府の対応の遅れで大惨事になったと批難された
写真提供:時事通信社

乗務員の多くが、乗客の避難誘導もせずに逃げ出し、多くの犠牲者を出しました。のちに船長が真っ先に逃げ出したことが、警察の捜査で判明します。

朴槿恵大統領は事件の報告を受けた直後の午前10時頃から、対策本部に顔を出す午後5時頃までの間の行動が明らかにされておらず、「空白の7時間」として国民から疑惑の目を向けられることになりました。髪の毛をセットしていたとの言い訳はありましたが、多くの乗客を乗せた船が沈みつつある時です。朴槿恵大統領の支持率は急降下しました。

そして、彼女の政治生命を断つことになった事件が「崔順実《チェスンシル》ゲート事件」です。

朴槿恵大統領の友人である実業家の崔順実が大統領官邸に自由に出入りしていたことがわかります。さらに、国家の機密文書を見ていたことや、政治判断にアドバイスまで与えていたことが判明。その後、崔順実の事業への利益誘導や娘の不正入学など、次々と疑惑が出てきました。

国民は怒り、学生を中心とした大規模なデモが行われます。国会でも大統領に対する弾《だん》劾《がい》訴追が可決されます。弾劾とは、国民から直接選挙で選ばれた大統領を議会がやめさせる手続きです。朴槿恵は、史上初めて弾劾で罷免《ひめん》された不名誉な大統領となったのです（歴代大統領と出来事についてはｐ１８８図表⑧参照）。

朴槿恵の罷免に伴い、２０１７年５月９日に大統領選挙が行われました。この選挙で圧勝したのが現在の文在寅大統領です。前回の大統領選挙で朴槿恵の後塵《こうじん》を拝した、その人です。文在寅は弁護士で、盧武鉉大統領時代は側近を務めました。

実は、盧武鉉も元弁護士で、文在寅の先輩にあたります。ふたりは共同で弁護士事務所を開設。全斗煥大統領時代には独裁に反対する民主化運動も行っていました。

盧武鉉は、これまでの政権が繰り返してきた政治と財界の癒着や不正などを正す「積弊清算」をスローガンに掲げます。さらに失業者を減らす経済政策を打ち出し、若者の支持を集めました。

盧武鉉と同じく文在寅は、親北朝鮮・反日の大統領だといわれています。大統領に就任すると、それを裏付けるかのように北朝鮮との対話に意欲を見せています。日本に対しては、慰安婦問題に関して強硬姿勢を崩しておらず、今後の日韓関係に影を落としています。

——韓国は極端な学歴社会で有名大学に入るのに必死だと聞きました。歴代大統領の政策に問題があったのですか？

初代大統領の李承晩が、アメリカからの支援を、お友だちに優先的に提供することで、財閥が形成されたという話をしました。

朴正煕も財閥を育てます。「日韓基本条約」を締結し、日本から受けた莫大な資金を特定の企業に優先的に渡したのです。政治と財閥の癒着構造が進みます。その結果、韓国経

図表⑧—**韓国歴代大統領**

代	大統領	任期	任期中の事柄	退任後
1-3	**李承晩** (イスンマン) 	1948年7月〜 1960年4月 (3期)	憲法を改正し長期政権を築く。不正選挙で市民革命が起き、失脚。	ハワイへ亡命。
許政(ホジョン)による臨時代行				
4	**尹潽善** (ユンボソン) 	1960年8月〜 1962年3月	朴正煕によるクーデターで辞任。	
朴正煕による臨時代行				
5-9	**朴正煕** (パクチョンヒ) 	1963年12月〜 1979年10月 (5期)	妻が大統領狙撃の巻き添えで殺される。その後、自分も側近に暗殺される。	娘・朴槿恵が政界へ。
崔圭夏による臨時代行				
10	**崔圭夏** (チェギュハ) 	1979年12月〜 1980年8月	短命政権。 クーデターにより辞任。	
朴忠勲(パクチュンフン)による臨時代行				
11-12	**全斗煥** (チョンドゥファン) 	1980年9月〜 1988年2月 (2期)	軍事独裁。過度な軍事弾圧に国民の怒りが爆発し、退陣へ。	不正蓄財と「光州事件」などの弾圧により逮捕。死刑判決。
13	**盧泰愚** (ノテウ) 	1988年2月〜 1993年2月	民主化宣言し、直接選挙で選出される。対北朝鮮は強硬政策。	不正蓄財と「光州事件」弾圧により逮捕。懲役17年の判決で投獄。
14	**金泳三** (キムヨンサム) 	1993年2月〜 1998年2月	軍閥解体、金融実名制導入。大事故の対応の遅れで「失敗した大統領」の烙印。	息子が不正な政治介入や収賄容疑により逮捕される。
15	**金大中** (キムデジュン) 	1998年2月〜 2003年2月	対北朝鮮で太陽政策。ノーベル平和賞受賞。日韓関係も親和政策へ。	家族が金銭スキャンダルで逮捕、投獄される。
16	**盧武鉉** (ノムヒョン) 	2003年2月〜 2008年2月 (途中、職務権限停止、高建〈コゴン〉が代行)	太陽政策を引き継ぐ。賄賂疑惑で退任。	投身自殺。
17	**李明博** (イミョンバク) 	2008年2月〜 2013年2月	日米との関係強化。太陽政策打ち切り。	本人と兄の汚職が発覚し、逮捕。
18	**朴槿恵** (パククネ) 	2013年2月〜 2016年12月	北朝鮮に強硬政策。期待が集まるも、セウォル号沈没事故で支持率が急降下。加えて崔順実ゲート事件により弾劾、罷免。	収賄容疑で逮捕起訴される。
黄教安(ファンギョアン)による臨時代行				
19	**文在寅** (ムンジェイン) 	2017年5月〜	親北朝鮮路線か?	

写真提供:時事通信社(李承晩、尹潽善、朴正煕、崔圭夏)、共同通信社(全斗煥、盧泰愚、金泳三、金大中、盧武鉉、李明博、朴槿恵、文在寅)

済はかぎられた財閥によって牛耳られる構造になっています。

この財閥が学歴偏重社会の大きな要因です。大統領がお友だち企業だけを大きく育てたため、韓国の若者たちが苦しんでいるのだと言ってもいいでしょう。

日本でも明治以降、国策会社をたくさんつくり、三井、三菱、住友、安田などの財閥が誕生しました。しかし第二次世界大戦後、ＧＨＱによって財閥は解体されます。それによって企業の健全な競争が生まれました。

どういうことか。たとえば巨大企業の日本製鐵を八幡製鐵と富士製鐵に分けた結果、それまで弱小だった川崎製鉄や住友金属などが成長します。大日本麦酒《だいにっぽんビール》という日本のビール市場を独占している会社がありました。大日本麦酒を、アサヒビールとサッポロビールに分けたことによって、それまで後塵を拝していたキリンビールが成長します。財閥を解体したことによって、いろんな企業に成長のチャンスが訪れ、日本経済が発展したのです。

韓国は、独立後に自分たちで財閥をつくってしまった。そして財閥が圧倒的な力を持ってしまったのです。１９９７年のアジア通貨危機をきっかけに、財閥の淘汰《とうた》が始まりました。大宇《テウ》などの有力財閥が解体、分割されました。しかし、勢力が衰えた財閥に取って代わったのは新しい財閥でした。韓国のＧＤＰ（国内総生産）に占める財閥の割合は6割に達します（２０１６年）。上位30財閥の利益の9割を5大財閥が占めるまでになっています。

もはや自分たちの力で財閥を解体することができないのです（図表⑨）。

韓国経済の最大の問題点は、財閥だけがエリートで、財閥の関連企業に入れないと、いきなり身分が不安定になることです。

日本には大中小さまざまな企業があります。中小企業の中にも、独自の技術を持った素晴らしい会社がたくさんあります。当然、就職の選択肢も多い。しかし韓国には優秀な中小企業がほとんどありません。財閥に入れば、人生バラ色。入れなければどうなるかわからない。そういう極端な社会構造になると、有名大学に入って、いい成績をとらないと財閥への就職の可能性も低くなる。猛烈な学歴

図表⑨—**韓国5大財閥**

財閥	ロゴ	創業年	業種、経緯など	2016年実績（単位：兆ウォン）売上	2016年実績（単位：兆ウォン）利益
サムスン	SAMSUNG	1938年	電子、家電、機械、化学、金融、サービスなど	201.87	29.24
現代自動車	HYUNDAI	1946年	1998年、起亜自動車を買収。2000年に現代財閥から離脱	93.65	5.19
SK	SK	1939年	エネルギー、通信、石油精製、化学など	17.19	3.27
LG	LG	1931年	元ラッキー金星。電子、家電、化学など。2006年、エネルギー・流通部門がGSとして分離独立	55.36	1.33
ロッテ	LOTTE Corporation	1948年（日本）、1967年（韓国）	流通、観光・サービス、食品、化学、建設など	9.21	0.56

＊創業年は財閥の母体となる会社の創業年。ロッテは2017年、持ち株会社制に移行しロゴも変更した。

競争社会になっているのです。

財閥に入れない人はどうするか。先日、韓国で取材してきました。若者たちの間では、公務員を目指す人が多いそうです。国家公務員、たとえば警察官や消防士になれば、生活は安定します。

目指しているのはエリートの警察官僚ではなく、現場で働く警察官や消防士です。そのための就職予備校があちこちにあります。

消防士を目指している学生に、一日何時間くらい勉強しているのか聞きました。予備校に登校するのが朝7時。それから夜の10時までずっと勉強しているそうです。信じられないでしょう。競争率も10倍程度で、警察官や消防士になること自体が大変なのです。それが現在の韓国なのです。

なぜ大統領はことごとく汚職に手を染めるのか

韓国の大統領の任期は「1期5年」のみ。再選は認められません。アメリカの場合「1期4年」ですが、再選が認められています。「連続2期8年」が最長の任期です。

韓国の場合は、建国以来の軍事独裁政権に対する反省がありました。長期政権はどうも独裁になりやすい。憲法を改正して長期政権ができないようにしよう。「1期4年」だと少し短いので「1期5年」かぎりとなりました。

――安倍総理以前、日本はすぐに総理大臣が替わっていました。韓国はどうですか？

盧泰愚大統領以降は、国民から直接選挙によって選ばれた大統領なので、日本のように政権与党の都合でトップがころころ変わることはありません。

大統領の任期を満了できなかったのは、弾劾訴追によって罷免された朴槿恵だけです。

盧武鉉大統領も選挙違反で弾劾訴追されますが、2か月ほど大統領権限を停止されたあと、復帰し任期を満了しています。

「1期5年」の弊害として、汚職が頻発していることは、先ほどお話ししたとおりですが、ほかにも期限が決まっていることによって、「レームダック」という現象が起きます。直訳すると「足の悪いアヒル」という意味です。

韓国では大統領の再選が認められていません。任期の終盤になると、もうすぐこの人は大統領ではなくなるんだ、という空気が漂い始めます。すると政権の中の政治家たちが、大統領の命令に従わなくなったり、側近たちが転職を考えたりするようになります。急激に大統領の指導力が落ちるのです。これがレームダックです。

レームダックに陥った時、韓国の大統領が何をやるか。そのひとつが、反日キャンペーンです。反日行動をとることによって、国民の支持を回復しようという狙いがあるのです。アメリカの大統領は「2期8年」です。大統領1期めは、次の大統領選挙で勝って、再び大統領になる可能性があります。だから、みんな大統領に従います。政権や官僚の中には、ドナルド・トランプはひどい大統領だと思っている人もいるでしょう。でも万が一、2期めも当選したら、と考えます。

韓国の大統領の任期は「1期5年」かぎりです。その結果、何が起きたのでしょう。歴代の大統領はほとんどが、政権終盤や退陣したあとに、汚職で追及される事態となりました。大統領になったら、前大統領の汚職や不正を追及する。そうすることで前任者の支持者を徹底的に叩き潰して、自分の権力の地固めをしようと考えるのです。

大統領は圧倒的な力を持っています。大統領の鶴のひと声でいろんなことが決まります。韓国の場合、伝統的に一族の結束が強い。我が一族から大統領が出たとなると、甘い汁を吸いたい人が大統領の周りに群がってきます。大統領も一族を優先し、便宜を図ります。政権の許認可が必要な事業をする時にも、大統領の一族にはすぐ認可がおりる。そうなると、大統領の親族に取り入って、いい目を見ようとする連中も出てきます。大統領の親族にもいろんな連中が群がり、その間でお金が回る。完全な癒着構造です。

在任中は大統領でも、「1期5年」務めたあとは、ただの人です。5年の間に荒稼ぎをしたいと考える人も出てくる。そうして、政権はどんどん腐敗していきます。

——みんな捕まってきたのに、大統領が汚職を繰り返すのはなぜでしょう。次の大統領が徹底的に捜査させることはわかっているはずです。

本人は、絶対にばれないと思っているんですね。きっと(笑)。

盧泰愚の場合は本人に渡ったお金が巨額でしたが、金泳三、金大中に関しては、一部の親族だけで本人は汚職に手を染めていません。

盧武鉉も退任後、元側近や親族の汚職が相次いで発覚。本人も嫌疑をかけられ、逮捕が近いと見られ始めた時に、自殺します。李明博は、少なくとも本人が収賄でお金をもらっていたという事実は確認されていません。

朴槿恵に関しては、少し様子が違います。ほかの大統領は、親族が地位を利用して汚職をやっていました。しかし、朴槿恵は、両親ともに殺されていて孤独な人だから、お金にはきれいだろうというイメージがあったんですね。確かに私腹を肥やすようなことはしていませんが、崔順実という「お友だち」にいろんな便宜を図っていたのです。

特に韓国の若者たちが朴槿恵に対する怒りを募らせたのは、崔順実の娘が「梨花《イファ》女子大学」というエリート大学に裏口入学をしていたことが発覚したからです。韓国は超学歴社会です。みんな死にものぐるいで勉強しているのに、大統領の友だちの娘だから、裏口入学できた。とんでもない数の若者たちが大統領の弾劾を求めてデモを行った背景には、韓国のこういう社会事情もあったのです。

実は、日本でもひと昔前までは、公然と裏口入学が行われていました。私立大学の医学部に多額のお金を寄付すると合格できる。それが半ば、常識だった時代があります。今から40年以上前、私が学生の頃の話です。

韓国の政治はひどい。遅れた国だと思うかもしれません。翻《ひるがえ》って、日本の政治はどうでしょう。かつては、現役の総理だった田中角栄が、航空機導入に便宜を図って5億円の賄賂をもらったという「ロッキード事件」が世間を騒がせました。

「東京佐川急便事件」では、自民党の有力政治家金丸信《かねまるしん》のヤミ献金が摘発されます。事務所を調べると、金庫の中から大量の金ののべ棒が発見されました。

日本でも30年ほど前までは、選挙でも公然と買収が行われていました。

房総半島では、選挙期間になると夜ごとそれぞれの地区に見張りが立っていました。対立候補の運動員が自分の地区の人を買収に来るのを阻止するためです。

青森県のある地区では、体育館で開票作業中に、突然停電。再び電気が点くと、一方の候補者の票がひと山消えてなくなっていました。それ以来、現在でも開票作業を担当する職員は全員ポケットのない特別な作業服を着ています。体育館の電源は、警察官が見張っています。

日本も昔はひどかったのです。戦後民主化されてから70年かかって現在の日本がここにあります。韓国は民主化されてまだ30年が経過したばかりです。成熟するのはまだまだこれからです。

韓国に対して日本が優れていると言っているわけではありません。日本だって、欧米各国に追いつけ追い越せでやってきて、いろんなところにゆがみが出ました。民主的かどうかは、民族の問題ではなく単なる歴史の問題だ、という観点が必要なのです。

第6章

「金正恩と核開発の歴史」から見る北朝鮮

北朝鮮では、常に監視されている

北朝鮮の首都である平壌は、一見すると高層アパートが建ち並ぶ近代的な街に見えます。しかし、その裏を見ると、映画のセットに使われる書割《かきわり》のような街だということがわかります。私たちの家でも、誰かお客さんが来るとなると、とりあえずお客さんを案内するところだけきれいに掃除するでしょう。絶対にお客さんが入らない部屋に、見苦しい荷物を押し込んだりする（笑）。北朝鮮にも、そういうところがあるんですね。外国からの観光客やメディアには北朝鮮のいいところだけを見せたい。

私が初めて北朝鮮に行ったのは、10年くらい前のことです。取材に行くと必ず案内人がふたりつけられます。

「あなた方に何かあったらいけません。常に寄り添って、お助けします」と言って、常時私たちのそばにいる。案内人、言い換えれば見張り役ですね（笑）。

平壌の街の中を歩いていると、「一般の人の家の暮らしを見ませんか」と案内人が言ってきました。まさか、一般の人のわけないだろうと思いながらついていきました。

平壌には、25階建てくらいの高層アパートがたくさんあります。「核心階層」の人たちは、その高層アパートに住んでいるのです。訪ねたのは、19階の部屋でした。エレベーターで昇ります。

部屋を訪ねると、そこで暮らす家族がにこやかに招き入れてくれました。部屋の中を案内してくれます。テレビや洗濯機など、いろいろな家電製品がありました。とても豊かな暮らしをしている雰囲気が漂ってきます。私は、へそ曲がりですから、この家電製品は我々に見せるために運び込んだのではないかと、意地悪な見方をしていましたが（笑）。

その時はテレビの取材でした。日本の視聴者に、北朝鮮の人の日常生活を見せたいと思い、奥さんがキッチンで炊事をしている姿を撮影したい、とお願いしました。

その時同行していたテレビ局のディレクターが「水道の水は出るんですか」と聞いたのです。なんて失礼な質問をするんだろうと、私もドキッとしました。

奥さんも、当然、ムッとした顔で答えました。「水道はちゃんと出ますよ！　一日2回」。えーっ、と思って奥さんの足元を見ると、ポリバケツに水が貯めてありました（笑）。

北朝鮮は電力不足です。高層アパートの場合、屋上にある貯水タンクまでポンプで水を送る必要があります。そこから各階の部屋へ水を供給するのです。水を汲み上げるポンプは電気で動きます。朝晩の炊事の時間だけ、ポンプを動かすのですね。北朝鮮の高層アパートでは、昼間は水道の水が出ない。失礼だと思ったディレクターのひと言から北朝鮮の本当の姿が垣間見えたのです。

さて取材が終わり、部屋を出て、エレベーターホールでエレベーターを待っていました。すると、階段を使って上の階からどんどん人が降りてくる。

ここは19階です。20階以上に住んでいる人がみんな階段を使っている。そこで初めて気がつきました。このエレベーターは、普段は動いてないいんだ、と。日本のテレビ局が取材に来たから、エレベーターの電源を入れて、特別に動かしていたのでしょう。

エレベーターの中にはおばさんがひとり乗っていて、エレベーターを操作していました。そんな人がマンションのエレベーターに常時乗っているわけないよね。外国からの取材が来た時だけ、エレベーターを動かしているわけです。

1階まで降りて周りの高層アパートの入り口を見ると、どのアパートにも人のよさそうなおばさんがひとりずつ立っています。見知らぬ人が訪ねてきたら、監視して、何か怪しいんじゃないかと思えば、すぐに当局に通報できるようにしているんです。そういう相互監視体制ができていることも、その時に知りました。

平壌には、外国人が宿泊できるホテルがふたつあります。言い換えれば、そのふたつのホテルにしか外国人は泊まれないということなのですが……。

私より前に北朝鮮に取材に入った人に、こんな話を聞きました。ホテルの部屋で、つい

「飯がまずいな。寿司が食べたいな」と口にしたら、翌日、ちゃんと寿司が出てきたそうです。お客さんのニーズに敏感に応えてくれる。ものすごいホスピタリティですよね（笑）。ホテルの部屋の中では、しゃべっていることはすべて北朝鮮側に筒抜けだとわかってましたから、私は何もしゃべらないようにしていました。

北朝鮮のホテルの部屋は、なぜか壁の片方が全面鏡張りになっているんです（図表⑩）。部屋を広く見せるため、と思うよね。

帰国後、同じホテルに泊まっていた人が、こんな話をしていたのです。帰国を控えて荷造りをしていた時、汚れた下着を入れるための袋がなかったので、ホテルのバスタオルを拝借して包んだそうです。それをスーツケースにしまい、1階のフロントまで降りてチェックアウトしようとしたら、ホテルの従業員が息せき切って駆けてきた。「あなた、バスタオルを取っただろう。返しなさい」。そう注意されたそうです。

壁一面の大きな鏡が何のためにあるのか。も

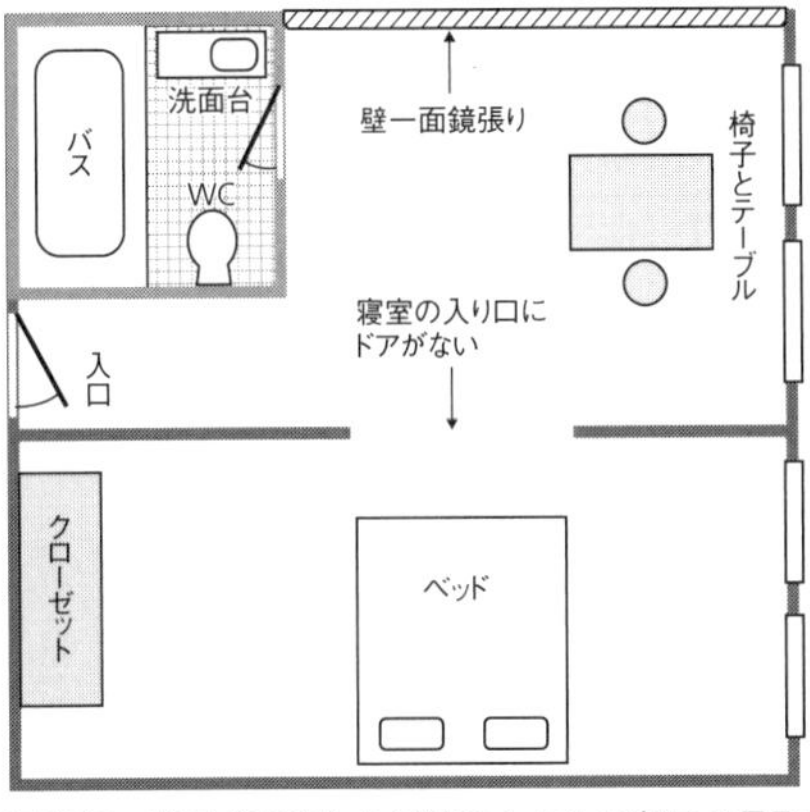

図表⑩―著者が宿泊した平壌のホテルの部屋の見取り図

うおわかりですね。マジックミラーだったのです。とにかく過剰なほどの監視体制がとられている。それが北朝鮮という国です。

――北朝鮮がミサイルの発射実験をした時に、平壌の市民がテレビのインタビューを受けているのを見ました。若い人もみんな政府の思想に染まった発言をしています。こっそり本音を聞くことはできないんですか。

北朝鮮で市民に対する取材が許されているのは、平壌だけです。それ以外の街では、一般市民に話を聞くことはできません。

平壌の人たちは、外国のメディアに対してどう答えればいいか、よく理解しています。だから、誰に聞いても同じような答えが返ってくるのです。しかも市民誰にでも自由に取材できるわけではありません。政府当局から派遣された案内人が、この人に取材してくださいと指示した人にかぎって、話を聞くことができるのです。

現在、日本で報道される映像は、北朝鮮のテレビがインタビューしたものです。当然、「金正恩《キムジョンウン》同志の指導は正しい」「我々はアメリカを恐れない」という発言が出てきます。

北朝鮮にとって都合の悪い情報は、ほとんど表に出ない。メディアを通しても、北朝鮮の実情をつかむことは容易ではないのです。

ソ連が北朝鮮の核開発を援助した

そして今、大きな問題になっているのが、北朝鮮における核開発です。ここからはその歴史に絞って、話をしていきます。

Q 北朝鮮は、なぜ核開発を始めたのでしょうか？

――ソ連と中国の板挟みになって、どちらからも距離を置こうと決めたからです。

そうですね。第4章で習ったことをよく覚えていましたね。

北朝鮮は、ソ連の支援を受けてソ連型の国家として誕生しました、韓国と衝突した朝鮮戦争の時には、同じソ連型国家の中国も力を貸してくれました。ところが、ソ連と中国の関係が怪しくなった。どちらの国も自分のほうにつくよう求めてきます。

金日成《キムイルソン》主席は、どちらにもつかず独自の道を進むことを選びます。北朝鮮は我々独自の革命によってできた国だ。誰の指図も受けない。これが北朝鮮独自の「主体思想」です。

そして「政治における自主、経済における自立、国防における自衛、思想における主体」の四つの方針を打ち出しました。その中で核開発につながっていく国家の方針が「国防における自衛」です。強い自衛力を持たなければならない。それが、つまり核兵器です。

さらにあとを継いだ、息子の金正日《キムジョンイル》総書記は、「先軍政治」を打ち出します。すべてにおいて軍が優先する。この考え方が今も北朝鮮の基盤です。北朝鮮の核開発は、ソ連の援助によって金日成の時代から行われていました。１９５６年、北朝鮮はソ連と核技術協定を締結し、ソ連に科学者を派遣。１９６５年には最初の原子力施設を稼働させます。

――ソ連はなぜ北朝鮮に核技術を教えたのですか。もし裏切られた時に、北朝鮮が核を持っていると危険ですよね。

この頃はまだ朝鮮戦争を戦った同士として、両国間には深い信頼関係がありました。さらに、ソ連にとって北朝鮮は、アメリカが軍隊を駐留する韓国との間の重要な緩衝地帯だったのです。こうしてソ連の技術を学ぶかたちで北朝鮮の核開発がスタートしたのです。

Q 世界には核兵器を持つ国をこれ以上増やさないようにしようという取り決めがあります。なんでしょう？

――「核拡散防止条約（ＮＰＴ）」です。

そのとおりです。この条約が成立した時に、すでに核を保有していたアメリカ、ソ連（現在はロシア）、中国、イギリス、フランスの５か国以外の国が核兵器を持たないようにしよう。核保有国は、その技術をほかの国に譲渡してはいけないという取り決めです。

１９６３年に国連で採択し、さまざまな議論を経て１９６８年に62か国が調印。１９７０年に発効します。

「核拡散防止条約」は、実は非常に不公平な条約です。条約ができた段階で、核兵器を持っていた五つの国はそのまま持っていてもいい。それ以外の国は核兵器を持たないようにしましょう。ほかの国が核兵器を持つことを援助してもいけません、という条約なんです。

――ほかの国は反対せずに納得したのですか？

確かに不公平な条約ですが、これ以上核兵器を持っている国が増えたら危険です。日本を含め世界各国は、納得しているわけではありませんが、平和のために妥協してこの条約を認めました。

しかしその後、アメリカとソ連は核兵器を減らそうという交渉を行いましたが、すべての国が積極的に核を減らそうとはしませんでした。「核拡散防止条約」は結んだけれど、各国の足並みはそろっていない。それが世界の実情です。

一方で、原子力には平和利用という側面もあります。その代表が、原子力発電所です。しかし原子力発電所を運転すれば、当然使用済みの核燃料ができます。その中からプルトニウムを取り出せば、原爆をつくることができます。

そこで、使用済み核燃料を適切に管理しているかどうか、プルトニウムを精製して、こっそり核兵器をつくっていないかを査察する仕組みができました。これがＩＡＥＡ（国際原子力機関）です。ＩＡＥＡが設立されたのは、１９５７年。「核拡散防止条約」が締結される前からＩＡＥＡはあったのですね。

「核拡散防止条約」が成立した時に、ＩＡＥＡを使って査察を行うことになりました。「核拡散防止条約」に加盟している国で原子炉を持っている国は、必ずＩＡＥＡの査察を受けなければなりません。日本もＩＡＥＡの査察を受けています。

世界中の原子力施設を査察して回るＩＡＥＡの運営には、莫大な費用がかかります。その費用を最も多く出しているのは、日本なんですね。日本は原爆をつくる気がまったくないことを世界に知ってもらうために莫大な金を使っているのだと、ＩＡＥＡの関係者が語っていました。

北朝鮮の話に戻しましょう。ソ連から核開発の技術を学んだ北朝鮮は自国でも原子炉を持ちたいと考え、ソ連に相談します。

ソ連は「核拡散防止条約」への加盟を要求します。１９８５年、北朝鮮は「核拡散防止条約」に加盟。原子炉をソ連から導入しました。

北朝鮮も「核拡散防止条約」に加盟したので、定期的にＩＡＥＡの査察を受ける義務があります。ところが北朝鮮は原子炉の運転を始めたにもかかわらず、ＩＡＥＡの査察を拒否します。怪しいでしょう。査察を受け入れるべきだと、世界各国が圧力をかけます。１９９２年になって、ようやく北朝鮮はＩＡＥＡの査察を受け入れます。
その結果はどうだったのか。原子炉から使用済み核燃料を取り出し、プルトニウムを密かに精製していた形跡が見つかりました。北朝鮮は証拠隠滅を図っていましたが、ＩＡＥＡ査察団の調査技術のほうが一枚上手だったのです。

核危機が起こった

ＩＡＥＡの査察結果が報告され、北朝鮮がプルトニウムを密かに取り出していることがばれてしまいました。北朝鮮は始めから核兵器をつくろうと考えて、原子炉を導入したのです。「核拡散防止条約」加盟国からは、大きな非難の声が上がります。

Q 北朝鮮は、どんな対応をしたと思いますか。

――もうプルトニウムは取り出さないと約束した？

もし北朝鮮がそう約束していれば、現在の核による挑発は起こっていなかったでしょう。

「国防における自衛」が北朝鮮の考え方です。なんとしても核は持ちたい。

北朝鮮は居直って、「核拡散防止条約」から脱退すると言い出しました。IAEAの査察によって、プルトニウムの隠蔽《いんぺい》がばれた翌年、1993年のことです。危機感を抱いたアメリカは、北朝鮮に対する圧力を強めます。当時はクリントン政権時代でした。

1994年、北朝鮮の核施設に対する限定的な攻撃を計画します。朝鮮の核施設だけを狙って空爆し、全部破壊してしまおうというものです。さらには北朝鮮の政権の転覆までも考えていたといわれています。アメリカ軍が北朝鮮を攻撃すると、当然北朝鮮はアメリカ軍基地のある韓国に対して反撃します。再び朝鮮半島が戦場になる可能性があります。

クリントン政権は、万一の場合に備えて韓国に住んでいるアメリカ軍兵士の家族を避難させます。兵士の家族たちがソウルの空港から続々と本国に帰って行きます。こうなると、もう一触即発です。これが「朝鮮半島の核危機」です。

私はこの時まだNHKに勤務していましたが、もしかしたら戦争が始まるかもしれないと、相当な危機感を持ってアメリカの出方を注視していました。

Q ところが、日本国内ではこのことがほとんど報道されませんでした。なぜでしょう?

——国民に知らせるとパニックになるから、報道規制を敷いていたのですか。

そういうことも考えられますね。でも、違うんです。

朝鮮半島が一触即発になっていたまさにその時、日本国内で何が起きていたのか。それまで安定的な長期政権を担っていた自民党が1993年7月の総選挙で過半数を割り野党に転落します。

日本新党を中心とする細川護熙《ほそかわもりひろ》連立政権が誕生するも、翌年4月には細川総理が突然政権を投げ出します。あとを受けた羽田孜《はたつとむ》政権も安定することなく、野党に下っていた自民党が提出した内閣不信任案を受けて6月に総辞職。

さらに水と油だった自民党と社会党が連立政権を組み、社会党委員長の村山富市が総理大臣になるという、驚天動地のまっ只中だったのです。日本の報道は、国内政治一色。そのせいで、朝鮮半島のことはほとんど報道されませんでした。

クリントン政権は、もし北朝鮮からの反撃があった場合にどの程度の被害が出るのか密かに推定しました。戦争開始から3か月以内に、米軍兵士5万2000人、韓国軍兵士49万人が死傷するという報告が出されます。

クリントン大統領はこの数字に驚愕《きょうがく》し、頭を抱えました。北朝鮮の核開発は断固として阻止しなければならない。しかし、想像を絶する被害が出る。多数の民間人も犠牲になるだろう。さらに甚大な被害が想定される。クリントン大統領は手詰まりに陥りました。

そこで登場したのが、ジミー・カーター元アメリカ大統領です。カーター元大統領は、退任後も世界平和への貢献に強い意欲を持って取り組んでいました。1994年6月、カーター元大統領は、仲介役を果たすべく北朝鮮を訪問し、金日成との会談にのぞみます。カーター大統領との話し合いで、金日成は核開発中止の約束をします。

北朝鮮は、本音では核兵器をつくりたい。しかし核兵器をつくると「核拡散防止条約」に違反する。国際的な非難を受けます。だから、建前として、北朝鮮にはエネルギーが必要だ。原子力発電所が必要だと言います。

しかし、アメリカは、なんとしても核開発を中止させなければなりません。北朝鮮の言い分を認め、北朝鮮のメンツを潰さないように、話を持っていきます。

北朝鮮はソ連型の原子炉を使っていました。ソ連型の原子炉は、プルトニウムを取り出しやすい設計です。核兵器をつくりやすい原子炉なのです。ソ連型の原子炉は廃止して、日本や韓国が使っているような、核兵器の原料となる種類のプルトニウムが取り出しにくいタイプの原子炉にしてください。その建設費は援助しますよ、と持ちかけました。

金日成は、この提案をのみます。でも、金日成もしたたかです。現在の原子炉の運転を止めると北朝鮮には電力が足りなくなる。どうしたらいいのかと。それなら火力発電所で使う重油を援助しましょう。新しい原子力発電所が完成するまで、年間50万トンの重油をプレゼントします。金日成とカーター元大統領の間で、こういう取り引きが行われました。

1995年3月、アメリカ、日本、韓国、それにEUが加わって、朝鮮半島エネルギー開発機構（KEDO）を設立。各国が共同で北朝鮮のエネルギー開発のための援助を行うことになりました。

――なぜ、日本も援助しなくてはいけないんですか？　この問題の中には、日本はまったく出てきていません。

そのとおりなんです。なぜか韓国だけではなく、日本も費用を負担させられることになったのですね。アメリカと北朝鮮の間の合意です。しかしアメリカは、北朝鮮が核開発を中止すれば日本や韓国は助かるだろう。日本も韓国も金を出せというわけですね。そうして、自国の負担を軽くしたのです。

「核拡散防止条約」から脱退した

ソ連型の原子炉を停止することで、北朝鮮はプルトニウムによる原爆開発を一時中止します。ところが、原爆にはプルトニウム型とウラン濃縮型のふたつのタイプがあります。

広島に落とされた原爆はウラン濃縮型。長崎に落とされたのはプルトニウム型でした。

原子力発電所の運転を停止すると、北朝鮮はもう新たなプルトニウムを精製することはできません。ここで、プルトニウム型の核開発は中止しました。しかし、ウラン濃縮型の核開発を始めるのです。

プルトニウム型の場合、原子力発電所の運転が必要です。原子力発電所は原子炉を冷やすため大量の水を必要とします。原子力施設は屋外にしか建設できません。一方、ウラン濃縮型は、遠心分離機を高速で回すことでウランを濃縮するので、地下の秘密工場でつくることができます。北朝鮮は、プルトニウム型の原爆はつくりませんと約束しておきながら、密かに地下にウランの濃縮工場をつくり、兵器づくりを始めていたのです。

このことを、2002年になって、アメリカが突き止めます。パキスタンから北朝鮮にウラン濃縮技術が渡っていたのです。北朝鮮を訪問し、問い詰めたアメリカのケリー特使に対し、北朝鮮はウラン濃縮型の核兵器開発をあっさり認めました。これによって、北朝鮮の核開発を阻止するという「朝鮮半島エネルギー開発機構」の大前提が崩壊します。さらに北朝鮮は2003年1月に「核拡散防止条約」からも正式に脱退してしまいます。「朝鮮半島エネルギー開発機構」は「核拡散防止条約」に北朝鮮をとどめるための、駆け引きの仕組みでもありました。

そもそも北朝鮮が「核拡散防止条約」に加盟したのは、ソ連の原子力技術を利用してプルトニウム型の核開発をするためです。しかしウラン濃縮型に方針を転換。もうソ連に義理立てして「核拡散防止条約」にとどまる必要はなかったのです。開き直った北朝鮮は、大っぴらに核開発を始めます。

実は1992年に、北朝鮮は韓国との間で「朝鮮半島非核化宣言」に調印していました。それまでアメリカ軍は、韓国に核兵器を持ち込んでいました。アメリカ軍は、韓国から核兵器を排除する。北朝鮮も、核兵器の開発はやめる。お互い核兵器は持たないとの約束をしていました。

北朝鮮は、「朝鮮半島非核化宣言」も破ったのです。ここまでくると、なんのために条約を結んだり、宣言を出したりしたのかわからなくなってしまいますね。

アメリカのトランプ大統領が、「我々は、北朝鮮に対し核兵器の開発は中止しろと言い続けてきた。しかし、北朝鮮は嘘をついて裏切り続けてきた」と発言しました。トランプ大統領が、またいい加減なことを言っている。そう思った人もいるかもしれませんが、北朝鮮の核開発に関しては、正しい発言でした。

27歳の独裁者が誕生した

2011年12月19日、朝鮮中央テレビが、17日に金正日総書記が急性心筋梗塞で亡くなったことを伝えます。後継者に指名されたのは、弱冠27歳の三男・金正恩（写真⑦）です。金日成主席が死亡した時には、息子の金正日が後継者としての地位を確立していました。ところが、金正日は急逝したため、金正恩への権力継承の準備はできていませんでした。

金正恩とは、どんな人物なのか。金正恩は、金正日の三男です。朝鮮半島は伝統的に儒教社会です。家督は長男が継ぎます。金正恩には、ふたりの兄がいました。長男は異母兄の金正男《キムジョンナム》、次男は金正恩と同じ母親から生まれた金正哲《キムジョンチョル》です（図表⑪）。

なぜ長男の金正男ではなかったのか。金正男は、偽造パスポートで日本に入国しようとして拘束され、国外退去処分になった経歴があります。「東京ディズニーランドに行きた

写真⑦―金正恩｜写真提供：時事通信社

かった」。取り調べに対しそう答え、日本のメディアにその姿を撮影されてしまいます。

父の金正日は、この愚かな行動に対し激怒。金正男の後継の目はなくなったといわれています。さらに次男の金正哲は、病弱で政治に興味がなかったといわれています。対して金正恩は気の荒い性質などが父親似で、金正日が後継者として気に入っていたとも伝わっています。

かくして、謎のベールに包まれた27歳の独裁者が誕生します。金正恩は２０１２年４月11日に開かれた朝鮮労働党の党代表大会で総

図表⑪—**金一族の家系図**

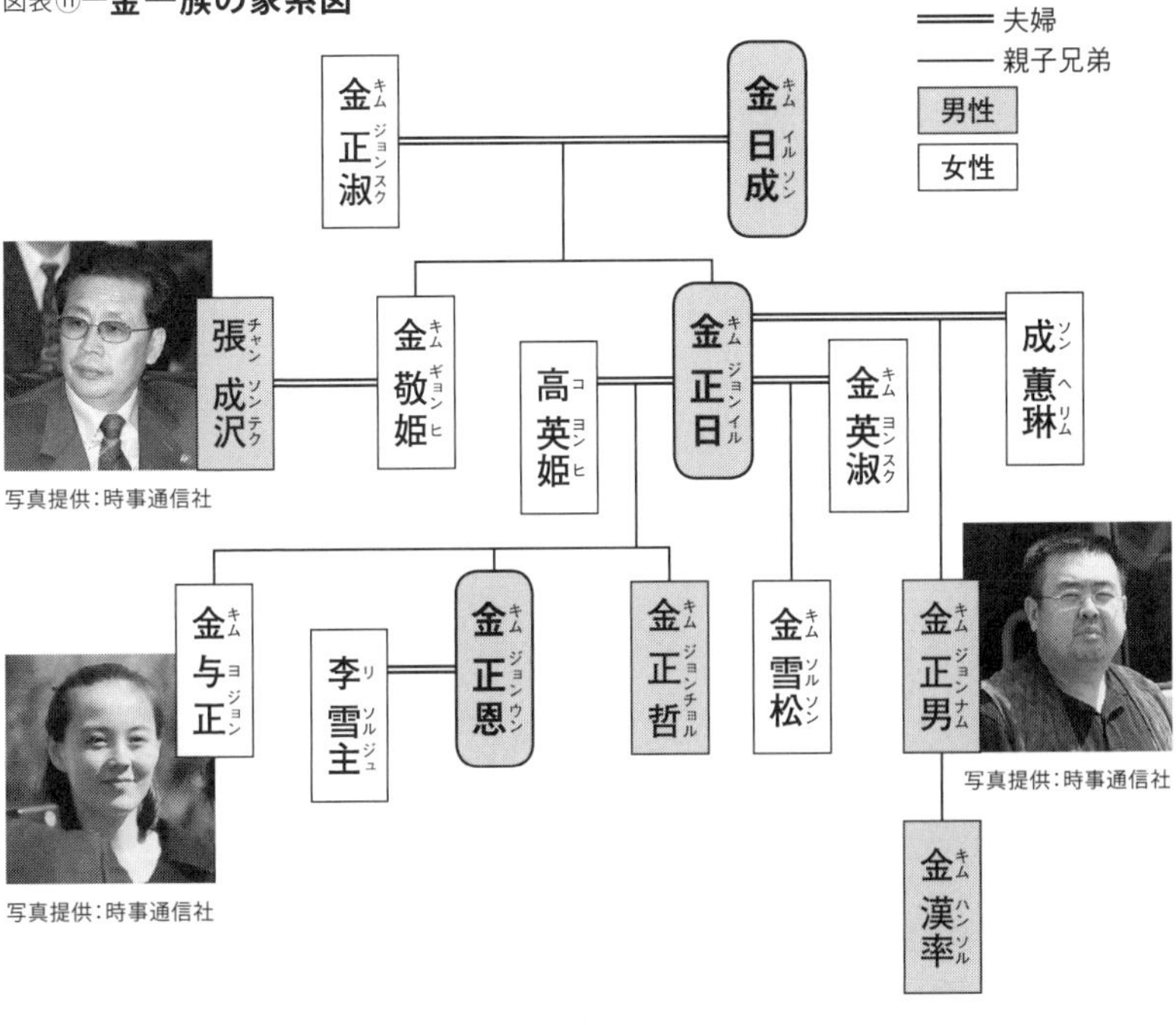

書記のポストを永久欠番にします。金正日を「永遠の総書記」として祭り上げたのです。

そして、自らの肩書のために「第一書記」を新設し、就任します。続いて朝鮮人民軍の最高司令官、さらに国家の最高機関である国防委員会の委員長ポストを永久欠番にし、国防委員会（２０１６年、国務委員会に改変）第一委員長を新設し就任します（図表⑫）。

偉大な父や祖父が就いていた最高権力者のポストを永久欠番にすることで、先人に敬意を払う若い国のリーダーというイメージをつくり、党幹部たちや国民の支持を取りつけようと考えたのでしょう。

図表⑫—**北朝鮮の国家機構** | 出典：韓国統一省

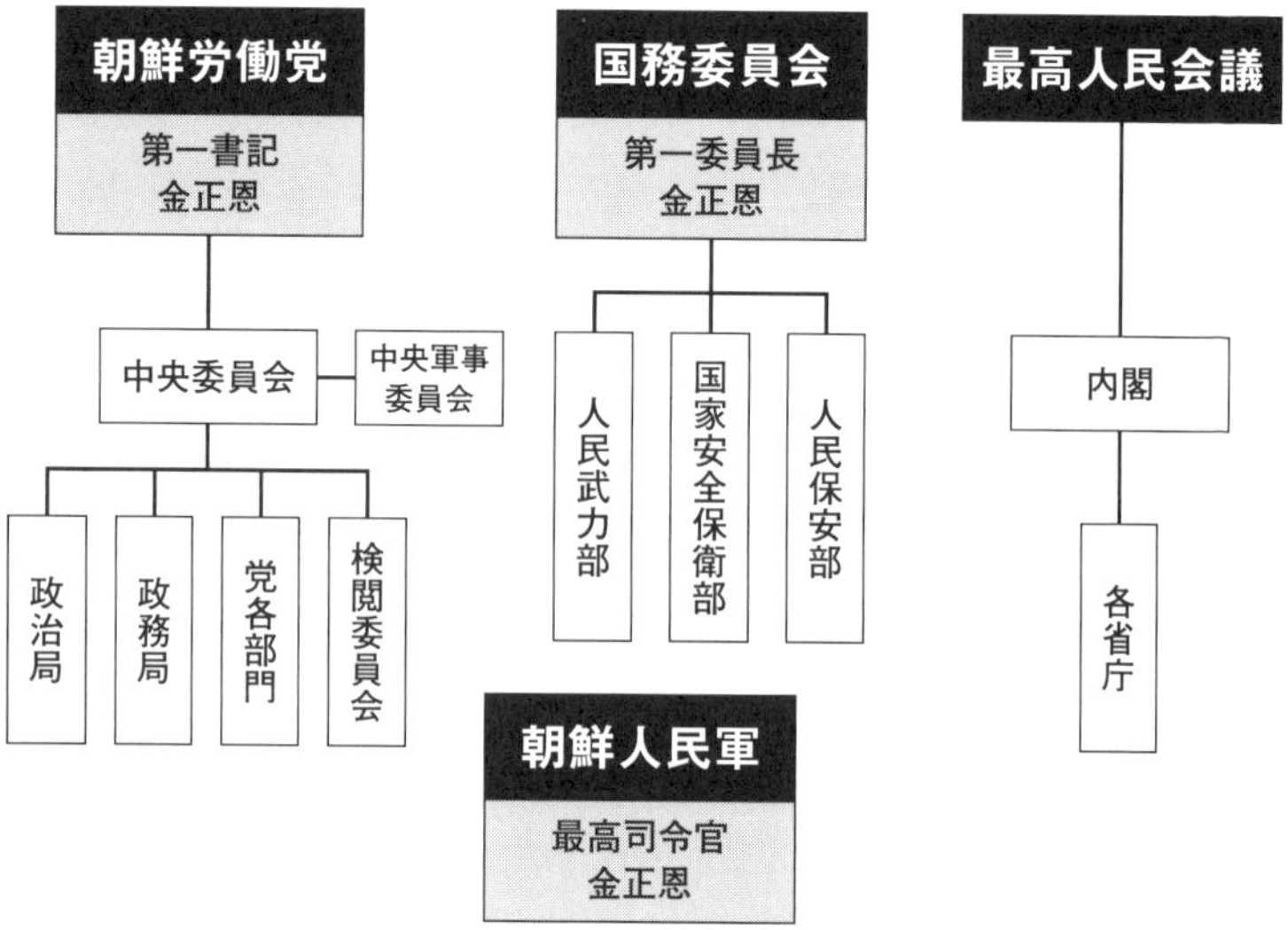

金日成は「偉大なる首領」、金正日は「偉大なる将軍」そして金正恩は「敬愛する元帥」と呼ばれるようになります。

さらに金正恩はあることをして、国民からの尊敬を得ようとします。何をしたと思いますか？　髪形を金日成に似せたのです。

金正恩には経験が何もありません。伝説の将軍であり、北朝鮮の建国者であり、偉大なる首領である祖父を真似ることで、「偉大なる首領」金日成の血を引いていることをアピールします。

世襲はどう決まったのか

北朝鮮は、ソ連によってつくられた社会主義国家です。ソ連も、中国も、トップの座にいる時は独裁に近いかたちになることがありますが、世襲制ではありません。権力の座が世襲されるのは、王国くらいのものです。

なぜ北朝鮮だけ、こういう異形の国になったのでしょうか。建国時の指導者だった金日成の晩年の心配は、後継者のことでした。ソ連の独裁者だったスターリンは、死後、厳しい批判にさらされます。中国では、毛沢東に一度は後継者指名された林彪《りんぴょう》が、クーデターを企てたとして追われ、逃走中に飛行機が墜落して死んでしまいます。

金日成は、死後に自分の名誉が失われたり、批判を浴びたりすることを恐れたはずです。自らがさまざまな人を陥れて地位を築き上げただけに、他人を信用できません。結局は自分の子どもしか信用できなかったのでしょう。

父親から息子へ権力を継承するきっかけは、1974年2月に開かれた朝鮮労働党中央委員会総会にありました。この総会で、金正日の処遇が話題になった時、金日成が、「息子はまだ若いから政治局員に選出するのはやめたい」と言ったところ、金一《キムイル》政務院総理（金日成とは無関係）がこう言ったといいます。

「金正日同志を党中央委政治局員に迎えることは、革命の要請であり全人民の熱望です。若すぎるとおっしゃるが、主席も金正日同志と同じ年頃に朝鮮革命を勝利の道に導いたではありませんか。革命の運命にかかわる問題であるので、主席の考えを改めていただきたい」（重村智計『最新・北朝鮮データブック』）

この発言は、主席の意向に反対するように見せながら、実のところ、息子を後継者にしたい金日成の気持ちをくすぐる高度なゴマすりです。

一方、金正日もひたすら父親を大切にする姿勢を見せました。平壌市内に、金日成を讃える凱旋門や主体思想塔など、巨大なだけの、無駄な建物を国費で建設し、父親にゴマをすったのです。

金日成は「青年たちは革命を引き継ぎ、代を継いで推進しなければならない」と言い出します。「代を継ぐ」とは、金正日への権力の継承を意味していました。また、金日成に対してしか使われなかった「指導者」という言葉が、金正日に対しても使われるようになりました。１９９４年７月、金日成が亡くなると、金正日が北朝鮮という「王朝」を父親から譲り受けたのです。そして、「２代め」の金正日が死去すると、「王朝」は「３代め」の金正恩に引き継がれ、急ピッチで権力を握ります。

権力の座に就いた金正恩は、金正日時代の幹部たちを次々と粛清していきます。

２０１１年12月28日に行われた金正日の国葬では、金正恩と７人の幹部が霊柩車を囲んで行進しました。その７人の幹部のうち、なんと５人が２年後には粛清もしくは更迭《こうてつ》されてしまいました。驚くべき速さです。とりわけ衝撃的だったのは、金正恩の後見人と見られていた張成沢《チャンソンテク》の処刑でした。張成沢は金正日の妹と結婚していて、金正恩は甥《おい》です。金正恩体制の実質的なナンバー２と見られていました。

このニュースを聞いた時、私は独裁国家のナンバー２の立場がいかに危ういものか、思い知らされました。かつて張成沢は、金日成が死去し金正日体制に替わった際、秘密警察組織を指揮し、１万人を処刑し、強制収容所や教化所（日本の刑務所にあたる）に２万５

000人を送ったといわれています。独裁者の命令で他人を粛清したものは、やがて自分も粛清される。上司の命令で部下をリストラした中間管理職は、やがて自分もリストラされる。そんな企業社会を思わせるような出来事でした。

韓国のシンクタンクによれば、金正恩がトップの座に就いてから5年間で、粛清された人数は340人に及ぶそうです。自分の周りをイエスマンで固める。独裁者の常道です。

2017年2月13日、またもや衝撃的な映像が世界を駆けめぐります。マレーシアのクアラルンプール国際空港で金正恩の兄、金正男がふたりの女性によって殺害されたのです。その瞬間を空港の監視カメラが捉えていました。

この時に使用されたのが、猛毒の「VXガス」です。皮膚に付着しただけでも死んでしまう恐ろしい殺人兵器です。北朝鮮の関与が濃厚ですが、北朝鮮は否定しています。マレーシアは、北朝鮮と仲のいい国でした。しかしこの事件をきっかけに平壌の在北朝鮮大使館を閉鎖。急激に関係が悪化しています。

ミサイル発射と核開発

権力を手にした金正恩は、国際社会に対し挑発行動を開始します。2012年12月、人工衛星打ち上げと偽ってミサイルを発射。２０１３年2月には、地下核実験を強行します。さらに朝鮮戦争の「休戦協定」を白紙に戻すことを通告します。白紙に戻しただけで、破棄したわけではありません。いつでも協定を復活できる余地を残した発言でした。しかし北朝鮮との交渉に不慣れだったアメリカのオバマ政権は、深刻な事態だと受け止めます。B52戦略爆撃機を米韓合同軍事演習に参加させると発表。北朝鮮を脅しにかかります。

この頃から北朝鮮のアメリカに対する挑発行為が行われるようになります。

政治や国際関係には、必ず表と裏があります。金正恩のこの行為は、自国では軍部を掌握するためにアメリカとの緊張状態をつくり出す。アメリカに対しては「北朝鮮と直接交渉して平和協定を結んだほうがいい」と思わせるためのアピールだったと考えられます。

金正恩にとっても、核開発は悲願です。なんとしても核兵器をつくりたい。しかしアメリカからの攻撃が怖くて仕方がない。

そこでアメリカのニューヨークやワシントンまで届くＩＣＢＭ（大陸間弾道ミサイル）を完成させれば、アメリカから攻撃されることはないだろうと考えます。しかし、ＩＣＢＭが完成するまでには、もう少し時間がかかる。だから、北朝鮮を攻撃したら大変なことになるぞ、とアメリカとアメリカ軍が駐留する韓国、日本を牽制し、時間稼ぎをしてきたのです。

とにかく核兵器をつくるという大目標があって、そのためには嘘をついてもかまわない。守る気のない条約を結んでもかまわない。そういうことを北朝鮮は続けてきたのです。

――北朝鮮はなぜ核兵器を持つことに執着してきたのですか？

ＩＣＢＭができたら、もう、アメリカから攻撃されないと考えるよね。アメリカに対して、「北朝鮮を核保有国と認めなさい、そして平和条約を結びましょう」と言うことができるわけです。現在も朝鮮戦争は休戦している状態で、終わっていません。本当にこれで朝鮮戦争を終わりにしましょう、ということを北朝鮮は狙っているのです。

平和条約を結んでしまえば、「北朝鮮はアメリカを攻撃しません。韓国を攻撃することもありません。だから、アメリカ軍は、もう、韓国にいる必要はないですよね。どうぞお引き取りください、朝鮮半島は平和になるんですから」――北朝鮮は、将来的には、そういう理屈をつけて、韓国からアメリカ軍を撤退させようと考えている。アメリカ軍がいなくなれば、韓国は核兵器を持っていないから朝鮮半島はこっちのものだ、という長期戦略を持っているのでしょう。

国際社会は、北朝鮮のそういう思惑を察しています。アメリカが北朝鮮の核保有を認めて平和条約を結ぶことはないと考えています。ところがアメリカのトランプ大統領は「アメリカファースト」、アメリカ第一主義を唱えています。アメリカさえよければ、ほかの国はどうなってもいい、という独善的な考え方です。「再び朝鮮戦争が始まっても、死ぬのは朝鮮半島の人々でアメリカには関係ない」という発言をしたこともあります。

トランプ大統領が日本のことを考えずに北朝鮮と平和条約を結んでしまうのではないか。日本の政府の中にも、疑心暗鬼になっている人たちがいます。

アメリカのトランプ、北朝鮮の金正恩、予測不能な両国の間で、日本はどんな対応をすればよいのか。大変難しい課題に直面しているのです。

核の脅威のない世界をつくるために

これまでの歴史を考えると、北朝鮮に核開発をやめさせるというのは非常に難しいことです。国際社会から圧力をかけて、北朝鮮にミサイル開発をやめさせようとしてきました。でも、圧力一本槍でできるかというと、非常に難しい。残念ながら、それが北朝鮮という国なのです。

――北朝鮮の核開発問題を解決する方法はないのでしょうか？

難しいからできないというのは、現実逃避にすぎません。なんとかして解決しなければ、世界中が大変なことになってしまう可能性があります。過去には、核開発をストップさせた実例もあります。

実はイランも、秘密裏に核開発を進めていました。オバマ政権の時代にドイツをはじめとするＥＵの協力を得て、イランの核開発を中止させた実績があるのです。

この時はイランに対する経済制裁という手法が功を奏しました。しかし、途中一触即発の状況になったこともあったのです。イランは、現在核開発を中止しています。でも、核開発を再開したら、１年以内に核兵器を持つことができるだろうといわれています。

もしイランが核兵器を持ったら、イランと敵対しているサウジアラビアは、パキスタンから核兵器を移転させる。そういう密約が結ばれているともいわれています。

――パキスタンのように貧しい国が、なぜ核兵器をつくることができたのですか？

それはパキスタンの核開発に対して、お金持ちのサウジアラビアが多額の資金援助を行ったからです。いわばパキスタンはサウジアラビアの核兵器工場だともいえます。

もしイランが核兵器を持ったら、中東中に核兵器が拡散してしまいます。現在、かろうじてそれを止めている状態なのです。

イランを相手にできたのだから、北朝鮮も止めることができるのではないか。ドイツのメルケル首相は、アメリカと北朝鮮の和解に協力できると言っています。ドイツはアメリカと協力してイランの核開発を止めた実績を持っているからです。

「核拡散防止条約」ができた時に、加盟しなかった国があります。インド、パキスタン、そして、イスラエルなどです。いずれの国も密かに核兵器を開発しました。残念ながら、現在、核兵器がどんどん拡散していることは事実です（p226図表⑬）。

一方、過去には、核開発をやめた国もあります。有名な例では、南アフリカです。南アフリカは長い間アパルトヘイトと呼ばれる人種隔離政策をとっていました。白人優先主義、黒人差別政策です。そのため、世界から非難を浴びていました。国際社会から孤立していた南アフリカは、密かに核兵器をつくっていました。のちにアパルトヘイト政策が廃止されます。その時に南アフリカは秘密裏に核兵器を製造していたこと、そして現在は核兵器を廃棄したことを発表したのです。世界の国々は、驚きました。

南アフリカの核保有と廃棄の発表によって、過去に起こったミステリアスな現象の謎が解けました。以前、南アフリカ上空を飛んでいた民間機のパイロットが、正体不明の激しい閃光《せんこう》を見ているんですね。当時は謎のままでした。その閃光はどうも、南アフリカの核実験だったのではないかと、推定されています。現在では核実験を密かに行っても、すぐに探知できるシステムができていますから、こっそりなんてできません。

そしてもうひとつ、ブラジルとアルゼンチンの間でも核の問題が発生しました。隣同士の国は仲が悪いという例にもれず、南米のふたつの大国も非常に仲が悪いのです。

図表⑬—**核保有国と保有弾頭数**（2017年現在、9か国）

｜出典：ストックホルム国際平和研究所 SIPRI yearbook 2017

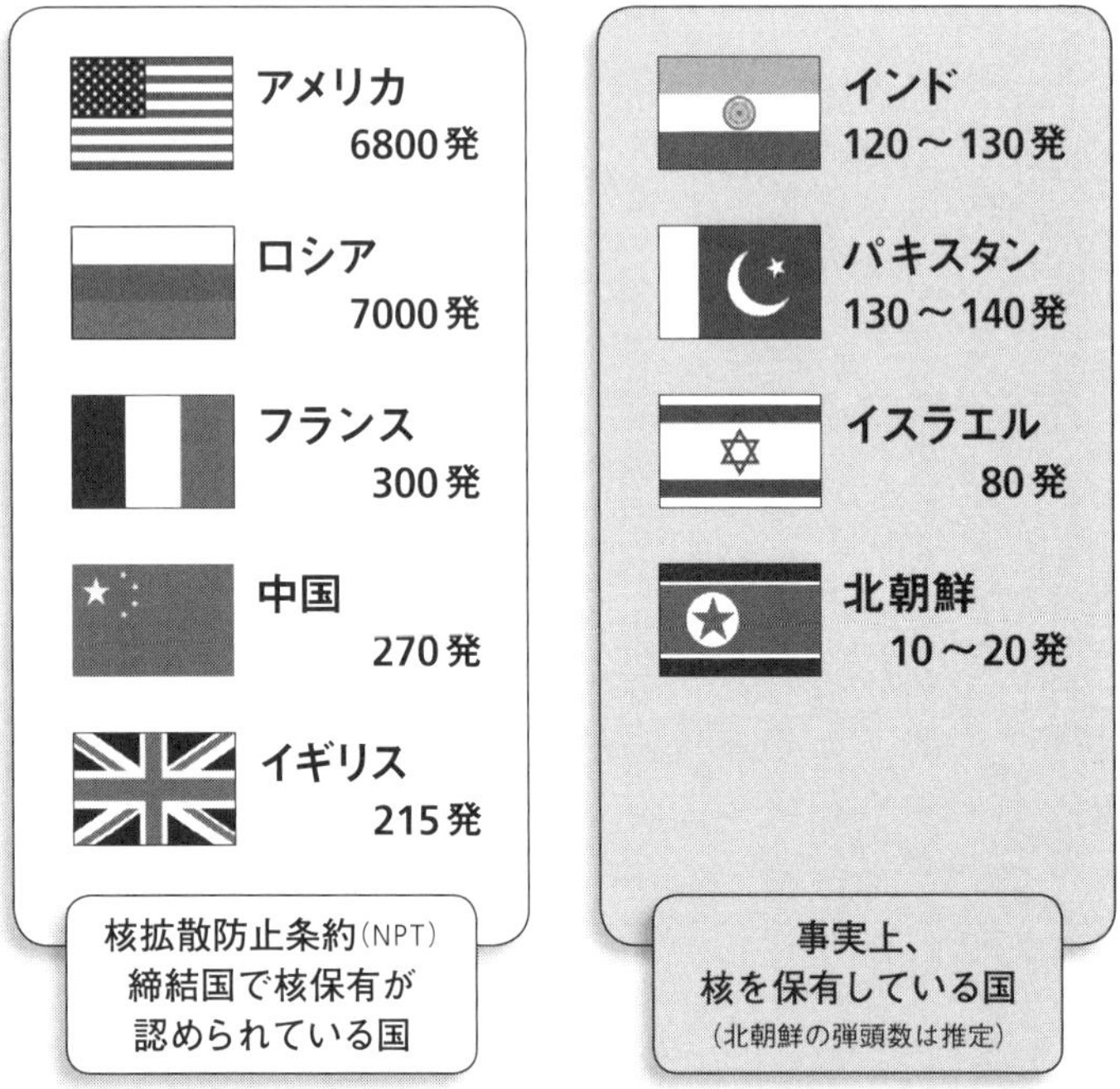

●北朝鮮における核開発の歩み

1956年	ソ連と核技術協定締結
1964年	核施設を建設し、稼働開始
1974年	国際原子力機関（IAEA）に加盟
1985年	核拡散防止条約（NPT）に加盟
1986年	黒鉛炉、再処理施設などを建設
1992年	韓国との間で朝鮮半島非核化宣言に調印
1993年	IAEAの特別査察を拒否。NPT脱退を表明するも、米朝高官協議で留保（第一次核危機）
1994年	カーター元アメリカ大統領が訪朝し、金日成と会談。米朝枠組み合意（第一次核危機回避）
1995年	朝鮮半島エネルギー開発機構（KEDO）発足
2002年	ウラン濃縮型の核開発を認める
2003年	NPT脱退を宣言（第二次核危機）
2006年	初の核実験に成功と発表
2016年	初の水爆実験に成功と発表（2017年11月までに6回の核実験を行っている）

さらに両国ともに長い間政情が不安定で1980年代後半までは軍事独裁政権下にありました。いつ相手国が攻めてくるかわからない。お互い疑心暗鬼になって、核開発を行っていました。

ところが両国ともに民主化が進む過程の中で関係が改善。1991年に、核エネルギーの使用を平和利用にかぎるという条約を結びます。相手の国が核開発を本当に中止したか、確証が必要です。ブラジルとアルゼンチンは、互いの国を自由に調査できる権利を認めます。これによって、両国ともに核兵器の開発中止が確認されました。

南米の2大国家の決断は、中南米の非核化を推進することになります。このあと「ラテンアメリカ及びカリブ核兵器禁止条約」ができ、現在中南米諸国はすべての国が核兵器の所有を放棄しています。核兵器は確かに拡散している。しかし、どこかで確固たる信頼が生まれると、核兵器を止めることができるのです。

これまで見てきたように、北朝鮮の核開発を止めることは非常に難しい。しかし核兵器の拡散を止めることは絶対に無理だと考えないほうがいい。過去の成功例から学べることはたくさんあると思います。

日本の隣にある朝鮮半島。日本との間にも歴史的なしこりはまだまだ残っています。

私たちが朝鮮半島について考える時に、忘れてはならないことがあります。北朝鮮にも、韓国にも、それぞれ「内在的論理」があるということです。その「内在的論理」によって、北朝鮮は国際的に孤立し、自分の力だけで自分の国を守る必要に迫られています。自分の国を守るために、軍を国の中心に据え、独裁政権になったのです。

敵対する隣国が独裁になると、それに対抗する韓国もまた独裁になってしまう。敵対した国はなぜかお互い相手に似てきてしまう。歴史を見ているとそういうことがよく起こります。

韓国では建国以来、軍事独裁政権が続いてきましたが、若者たちの力によって独裁を覆し、民主化することに成功します。その成功体験から、今の韓国という国が存在する。しかし、民主化されてから、まだわずか30年です。日本の民主化よりも40年遅れて、あとをついてきている。それが現在の韓国なんです。

最後になりましたが、みなさんに決して忘れてほしくないことがあります。それは、「朝鮮人は」とか、「韓国人だから」というような民族差別につながるような発言や考え方は、絶対避けるべきだということです。

中国に対しても同じです。台湾は非常に親日的だし、民主的ですよね。中国人がおかしいのではなく、中国共産党の体制、国のシステムの問題なのです。

中国人はルールを守らない。列をつくらない。本当でしょうか。シンガポールはほとんどが中華系の人です。シンガポールには、行列に割り込む人はいません。行列を守ります。「中国人は」と、ひとくくりにできるのでしょうか。そう考えれば、民族の問題ではなく、それぞれの国の歴史によるものだということがわかります。

日本だって、ほんの数十年前までは、決して威張れたものではなかったという歴史をぜひ知っておいてほしい。残念ながら、困った隣人がいるからといって、日本という国がどこかに引っ越すことはできません。困った隣人とどう付き合っていくか。難しい問題ですが、君たちが自ら考えなければいけない問題なのです。

これからの日本を支える世代の君たちに、その希望を託すということで、私の授業はこれまでにします。

――(生徒全員) ありがとうございました(拍手)。

朝鮮半島略年表（本書に関連した項目を中心に作成）

1895 日清戦争で日本が勝利。朝鮮が独立。
1897 朝鮮が大韓帝国と改称。
1910 韓国併合。
1919 3月、抗日独立運動（三・一運動）が起こる。
4月、上海で大韓民国臨時政府設立。
1941 4月、日ソ中立条約。
12月、日本の真珠湾攻撃で太平洋戦争勃発。
1945 8月6日、アメリカが広島に原爆投下。8日、ソ連が日本に宣戦布告。9日、アメリカが長崎に原爆投下。15日、日本の無条件降伏で第二次世界大戦終結。朝鮮半島は連合軍の管轄に。
9月6日、朝鮮人民共和国樹立を宣言。8日、ソウルにアメリカ軍政庁を設置。
10月14日、平壌で金日成帰国歓迎市民集会。16日、李承晩がアメリカから帰韓。24日、国際連合設立。
1948 8月、大韓民国建国。初代大統領に李承晩。
9月、朝鮮民主主義人民共和国建国。金日成が初代首相に。
1949 6月、韓国で金九暗殺事件。
1950 6月25日、北朝鮮軍が北緯38度線を越え韓国に奇襲攻撃。朝鮮戦争の始まり。28日、北朝鮮軍がソウルを占領。
7月7日、国連軍（16か国）の朝鮮派遣が決定。最高司令官にマッカーサー。
10月25日、中国の人民義勇軍が朝鮮戦争に参加。
1952 1月、韓国が李承晩ラインを制定。
8月、韓国で国民による大統領選挙で李承晩が再選。
1953 7月27日、朝鮮戦争休戦協定調印。
1954 11月、韓国で初代大統領に限り3選可能の法案可決。
1956 北朝鮮がソ連との合同核研究所を設立。
1959 12月、在日朝鮮人の帰還が始まる。
1960 4月、韓国で4・19民主革命。李承晩が失脚。
1961 5月、韓国で青年将校らによる軍事クーデター。
1963 12月、韓国で朴正煕が大統領に就任。
1965 4月、北朝鮮の金日成が「主体思想」発表。
6月、日韓基本条約締結。
1968 1月、北朝鮮の特殊部隊が韓国の大統領官邸「青瓦台」を襲撃し、朴正煕暗殺を狙うも未遂に終わる。
7月、国連で核拡散防止条約調印（70年発効）。
1972 12月、北朝鮮の金日成が国家主席に就任。
1973 8月、金大中が東京で拉致される。
1974 8月、朴正煕大統領暗殺未遂事件。夫人が死亡。
9月、北朝鮮がIAEAに加盟。
1979 10月、韓国の朴正煕大統領が暗殺される。
12月、韓国で全斗煥による粛軍クーデター。
1980 5月、光州事件。

1983 9月、全斗煥が韓国大統領に就任。
10月、北朝鮮による全斗煥大統領襲撃「ラングーン事件」。
1985 9月、南北離散家族の面会がソウルと平壌で実施される。
12月、北朝鮮が核拡散防止条約（NPT）に加盟。
1987 6月、韓国で民主抗争の拡大により「6・29民主化宣言」。
11月、大韓航空機爆破事件。
12月、韓国大統領選挙で盧泰愚が当選。
1988 1月、北朝鮮、ソウルオリンピックへの不参加を表明。
9月、ソウルオリンピック開催。
1991 1月、第1回日朝国交正常化交渉本会議。
12月、金正日が朝鮮人民軍最高司令官に就任。
1992 1月、南北朝鮮が「朝鮮半島非核化宣言」に調印。
1993 2月、金泳三が韓国大統領に就任。
3月、北朝鮮が核拡散防止条約脱退宣言するも留保。
4月、金正日が国防委員会委員長に就任。
1994 6月13日、北朝鮮がIAEA脱退を表明。15日、カーター元アメリカ大統領が訪朝。
7月、金日成主席死去。
10月、米朝枠組み合意。
1995 3月、朝鮮半島エネルギー開発機構（KEDO）設立。
7月、「女性のためのアジア平和国民基金」設立。
1996 9月、韓国の江陵で北朝鮮の潜水艦座礁事件。
1997 10月、金正日が党総書記に就任。
1998 2月、韓国で金大中が大統領に就任。
10月、日韓共同宣言。
2000 6月、金大中大統領が北朝鮮訪問。「6・15南北共同宣言」。
9月、シドニーオリンピック開会式で南北合同入場行進。
2002 9月、小泉総理が訪朝。日朝平壌宣言。
10月、北朝鮮による拉致被害者5人が日本に帰国。
12月、韓国大統領選挙で盧武鉉が当選。
2003 1月、北朝鮮が核拡散防止条約からの脱退を表明。
2006 7月、北朝鮮が弾道ミサイル発射実験。
10月、北朝鮮が核実験。
2007 12月、韓国大統領選挙で李明博が当選。
2009 5月、盧武鉉元韓国大統領が自殺。
2010 11月、延坪島砲撃事件。
2011 12月14日、韓国でソウルの日本大使館前に慰安婦の少女像が設置される。17日、金正日総書記死去。
2012 4月、金正恩が党第一書記、国防委員会第一委員長に就任。
2013 2月、韓国大統領に朴槿恵が就任。
2014 4月、セウォル号沈没事故。
2015 12月、日韓外相会談で慰安婦問題に関する日韓合意。
2016 10月、韓国「崔順実ゲート事件」発覚。
12月、韓国国会で朴槿恵大統領の弾劾訴追案可決。
2017 2月、クアラルンプール国際空港で金正男が殺害される。
3月、朴槿恵大統領の罷免が決定。逮捕、起訴される。
5月、韓国大統領選挙で文在寅が当選。
11月、北朝鮮がアメリカ全土を射程にした大陸間弾道ミサイル打ち上げに成功。

＊参考資料・文献／池上彰『そうだったのか！ 朝鮮半島』（集英社）、『20世紀年表』（毎日新聞社）、外務省HPほか

おわりに

お隣のふたつの国の歴史を学んできて、どんな感想を持ったでしょうか。相手の国のことを知ろうともせずに「韓国っていう国は〜」とか「北朝鮮っていう国は〜」とか決めつけることがいかに危険か、理解できたのではないでしょうか。

韓国の反日ぶりにはウンザリさせられるところがありますし、北朝鮮が核開発・ミサイル開発に突き進む姿には恐怖心を抱くこともあるでしょう。しかし、そこにはそれなりの理由と論理が存在しているのです。そうした「内在的論理」を理解したうえで、私たちは隣国との付き合い方を考えなければなりません。隣人とうまく付き合っていけないからといって、引っ越すわけにはいかないからです。

北朝鮮で生まれ、日本でもヒットした曲に「イムジン河」という歌があります。イムジン河は、南北朝鮮の間を流れる河。その河を境にひとつの民族がふたつに分かれてしまったことを嘆き悲しむ歌です。その悲しいメロディーを聞くと、ふたつの国がたどった苛酷な運命をうかがい知ることができます。

そもそもひとつの国だった朝鮮半島は、日本による併合を経たあと、自分たちに関わりのないところで大国間の思惑によって分断され、翻弄《ほんろう》されてきました。

いったん分割されてしまった国は、今度はその国の指導者によって、それぞれ別の独裁国家の道を進みます。

日本が併合しなければ祖国は分断されることがなかった。そう考えている人たちもいることを考えれば、私たちも粛然《しゅくぜん》となります。

と同時に、過去の経緯を曖昧《あいまい》にしてきたことによって、日本と韓国の関係がこじれてきてしまったこともわかります。まずは相手の国のことを知り、両国関係の歴史を知る。健全な付き合いができるようになるためには、まずここから始めなければならないのです。

池上　彰

本書を刊行するにあたって、
東京都立西高校の
先生や生徒のみなさまにご協力いただきました。
厚く御礼申し上げます。

——編集部

（授業は２０１７年10月に行われました）

池上 彰
いけがみ・あきら

1950年長野県生まれ。慶應義塾大学経済学部卒業後、73年にNHK入局。報道局社会部記者などを経て、94年4月から11年間にわたり、『週刊こどもニュース』のお父さん役を務め、わかりやすく丁寧な解説で人気を集める。
2005年にNHKを退職し、フリージャーナリストに。名城大学教授、東京工業大学特命教授。愛知学院大学、立教大学、信州大学、関西学院大学、日本大学、順天堂大学、東京大学などでも講義を担当。主な著書に『そうだったのか！現代史』『伝える力』『私たちはどう働くべきか』などがある。

構成
片原泰志

ブックデザイン
鈴木成一デザイン室

地図製作
株式会社平凡社地図出版

編集協力
西之園あゆみ

校正
小学館出版クォリティーセンター

制作
星一枝、太田真由美

販売
大下英則

宣伝
島田由紀

編集
岡本八重子、園田健也

池上彰の世界の見方

Akira Ikegami, How To See the World

朝鮮半島

日本はどう付き合うべきか

2018年4月21日　初版第1刷発行
2021年3月22日　　　第3刷発行

著者
池上 彰

発行者
小川美奈子

発行所
株式会社小学館
〒101-8001 東京都千代田区一ツ橋2-3-1
編集03-3230-5112 販売03-5281-3555

印刷所
凸版印刷株式会社

製本所
株式会社 若林製本工場

 ISBN978-4-09-388605-5